8ステップ・42タスクで
対応する

メンタルヘルス
不調者への
職場復帰支援

森川隆司 著

セルバ出版

はじめに

私が大学を卒業したのは1998年のことになります。当時の神戸商船大学という船員養成の学校を卒業し、外航船の航海士として職業人生のキャリアをスタートしました。パイロットや船長さんになることが小さな頃からの夢であり、幸運にも夢を叶えることができた形での職業人としてのスタートでした。

しかし早くも挫折は訪れます。訓練中からわかっていたことではありますが、残念ながら私は船酔いがひどく勤務に対してなかなか積極的になれない航海士でした。結婚というイベントも重なり3年ほどで航海士としてのキャリアは終えました。

その後システム開発会社でプロジェクトをサポートする業務に携わることになりました。当時はインターネットバブルと称してインターネット関連の技術やサービスの開発が盛んな時期でした。

当然、社内でもいわゆる過重労働が要因でメンタル不調になる従業員も散見されました。プロジェクトを支援する部門として、人事労務的な業務もしていた私はメンタルヘルス不調者への対応について関心を持ち、従業員へのメンタルヘルス対策のサービスを知ることになります。

働く人へのメンタルヘルス支援を行いたい、このような意識のもと夜学の予備校に通い、夜学の大学院に通い、臨床心理士の資格を取得しました。20年程前のことです。

心理職としてのキャリアは、産業分野でのEAP企業で開始しました。雑務から、やがてコンサルタントとして業務を行うようになりました。そこではストレスチェックや個別の復職支援、また、仕組みづくり全般のコンサルテーションなど、多くのことを学ばせていただきました。

そんな中、今から18年ほど前に、家の近くにスタートアップ企業や中小企業を支援する施設が新設されることを知り、一念発起し、株式会社ヒューマン・タッチを立ち上げ、現在に至ります。

会社を立ち上げた当初は、不登校引きこもり支援であったり、自宅での訪問カウンセリングなど、個人向け支援をメインに業務展開をしていましたが、企業向けメンタルヘルスの需要が高まる中、現在では企業向けのメンタルヘルス対策を主にサービスを展開しております。

前置きが長くなりましたが、私はこのようにストレートで心理学を学んできた立場の人間ではありません。航海士や人事労務関連の仕事をへてメンタルヘルス対策に携わっております。

働く方の心と体の健康の保持増進はもちろんですが、組織として、集団としての健康度であったりモチベーションの向上というところにも視野が向くのはこのためです。

私が休職・復職支援を新たなキャリアの中心にしていこうと強く思った事例が1つあります。EAP企業にてコンサルタントとしての仕事をはじめたまさに最初の事例でした。

地方の金融機関にてメンタル不調になられた方のご支援をさせていただいた事例なのですが、会社と本人、あるいは会社とご家族間には意見の相違やすれ違いがあり、対立状態となっていた事例でした。

　個別面談や組織支援として、面談や打ち合わせの回数を重ねる中で、本人やご家族側の思いや気持ちを第三者として上手く翻訳し企業に伝え、また、企業の不安や希望や要望についても本人やご家族にうまく翻訳して伝えることを重ねる中で、休職や復職について前向きな環境が醸成され職場復帰なされたのです。

　最終的に、その方は、新たに職場にできたメンタルヘルス対策を推進する部署で初代の担当者として業務を再開されました。私にとっては初めてのケースであったとともに、本人のみならず組織企業集団、あるいはご家族も含めて第三者が介入することでそれぞれが求める理想に近い状態をつくり出すことができるのだと知ることができた、貴重な事例です。

　私がこの会社を立ち上げて20年弱になりますが、メンタルヘルス不調者への対応、いわゆる休職復職支援についてのご相談が、近年、非常に多くなってきています。困難事例や困った事例というようなものも多くご相談いただきます。療養と服薬でしっかり戻ってこられるわかりやすい事例ではなく、ハラスメントや個人の強い特性などが複数関与しているような事例です。

　今回、本書を執筆しようと思った直接的な要因は、人事労務のご担当の方が、メンタルヘルス不調者への対応について、難しさや怖さを感じておられる現状について、今までの弊社としての知見を整理し、お伝えしたいと強く思ったからです。

本書は、企業の人事労務勤労といったご担当の方向けのメンタルヘルス対策のマニュアルとして構成されております。具体的には初めてメンタルヘルス対策あるいはメンタルヘルス不調者への対応を担当する人事労務勤労のご担当者様を対象としてイメージしています。

できる限り平易な言葉を使い、ご経験の少ない方であっても本書を読み進めることでメンタルヘルス対策あるいは休職復職支援の全体像を理解し、また、より困難な事例についてもその対応のヒントを効率的網羅的に学べるように工夫しております。

具体的には、休職後復職支援を8つのステップに分解し、それぞれのステップで行うべきタスクを整理しました。個別の用語や仕組みの詳細については都度、詳しい解説を入れております。

まずはこのまえがきと第1章からお読みください。具体的な事例から学ぶために、第3章から読み進んでいっていただいても構いません。あるいはご自身の知識や経験に合わせて、関連する部分から読み進めていただいても構いません。

本書をメンタルヘルス対策、または不調者支援の実用書としてご活用いただければ幸いです。

2024年12月

森川　隆司

8ステップ・42タスクで対応するメンタルヘルス不調者への職場復帰支援　目次

第1章　休職・復職支援で大切なこと

第2章　「仕組みづくり」と「個別支援」

第3章　事例検討

第1章　休職・復職支援で大切なこと

1　休職・復職支援とは何か

休職・復職支援という言葉には、様々な要因での休職とそこからの復帰が含まれます。看護、出産、けが、病気、様々ですね。本書では、中でも「メンタルヘルス不調」による休職とそこからの復職に焦点を当てて書き進めていきます。様々な休職の中でも、やはり人事労務担当者の方にとっては、困難性が高いものになるからです。

20年近く休職復職支援に携わり、不調者側・組織側共に支援をさせていただいてきた経験から、「休職復職支援とは何ですか？」と問われれば、次の2つのことになると感じています。

・職場、個人どちらか、もしくは両方に「ひずみ」が生じている状態
・「ひずみ」を理解し、働きやすい職場づくり、あらたなキャリア、を模索する「好機」

「ひずみ」とは、「物体に外力を加えたときに現れる形状または体積の変化」のことです。組織の方向性や価値と、個人の価値とのずれ、また個人同士の価値のずれ、が「ストレス」として作用し、「ひずみ」をつくり出していると捉えています。

ここで「価値」という言葉を使いました。本書において「価値」という単語はこの後もよく出てきますが、休職復職支援を語る上で、あるいは、メンタルヘルス不調者の方を支援していく上で、

とても大切な言葉だと考えています。

２「価値」とは何か

あらかじめ本書での「価値」という言葉の使い方について、ここで明確にしておきます。例えば、私が転職市場に自分の経歴を提出して、「森川さん、あなたの価値は年収ベースで３５０万円ですね」という評価を受ける際の「価値」とは異なります。

ここでいう価値とは、私たちが生きていくうえで「大切にしている考え方」「自分の判断基準」「よって立つ指針」といった意味合いのことです。最近では、新入社員研修だけでなく、高校や大学でもメンタルヘルスの研修の機会が増えてきました。若い皆さんにお話しさせていただく際には、この「価値」のお話やワークは必ず入れるようにしています。

いわゆるストレスへの対処法としての「リラクゼーション」「アサーション」「認知行動療法」など、様々お話もしますが、私からすれば少し受け身のセルフケアです。「パッシブセルフケア」とでもいえるものですね。

他方、「価値」の「言語化」と、「組織と自分の価値の重なりを見つけること」は、「アクティブセルフケア」と私は勝手に呼んでいるのですが、コントロールされたストレス下で能動的に職場での自分を活かしていくことができる大切な方法だと考えています。

なぜか？「価値の重なりに、心地よさを感じるから」です。

私たちが大切にしている価値と、所属する組織が大切にしている「価値」の重なりを感じるとき、自分を生かし、組織のために力を発揮できると思うからです。

3　新入社員の価値

ある新入社員研修での出来事です。公的な組織で、国家権力を行使できる立場の皆さんでした。いつものように、2人一組で「価値」の言語化のワークを行っていただきました。

「あなたの価値は何ですか？」の問いをいきなりやり取りするのは少し難しいので、「開かれた質問」や「閉じた質問」など一通りの情報提供をした後に、「なぜにこの仕事に就いたのですか？」「なぜにこの資格を取ったのですか？」という質問から、「価値」に近づいてもらいます。

始めに出てくる回答は「なんとなく入社しました」「ここしか受からなかったから」「先生にすすめられて」といったありきたりの内容が出てきます。

ある方からは「同級生にマウントとるために」「上京したかったから」「犬と仕事ができるから」という回答もありました。もちろん嘘ではないと思いますが、価値には少し遠いですね。

そこで質問を重ねてもらいます。「上京したいのあれば、都内のコンビニでのバイトでもよかったよね」といった具合です。

私が話を聴いたペアは、「犬と仕事をしたい」とのお話だったので、質問者に耳打ちして「犬と仕事したいのなら、ペットショップの店員でもよかったよね、と質問してみて」、とお願いし質問していただいたところ、相手の女性は「たしかにーー」と考え込んで、しばらくしてこう答えました。「私は、ズルする人が嫌いなんです。なんか、ズルして得している人見ると、むかつくんですよねー」。すかさず私から、「では、あなたの大切にしている価値は、『公平さ』や『正義感』といった言葉と重なりますか？」と質問したところ、「マジやべー先生、そうかもぉ」とキャハハと大笑いしながら答えてくれました。

4　価値の言語化の大切さ

彼女は、言語化はできていなかったかもしれませんが、知らず知らずその職場で、「自分の価値」と「組織の価値」の重なりを希望していた、求めていた、のかもしれません。

職場でのメンタル不調とは、突き詰めればこの価値のずれから生じるひずみが要因の１つとなっていると感じています。

5　職場のメンタルヘルス不調と価値の関係

本書の読者として想定しているのは、メンタルヘルス不調者の対応について全く経験がない、あるいは、経験の少ない人事労務担当の方です。

まず、皆さんに理解いただきたいのは、職場でのメンタル不調は、どちらか一方が１００％よい悪い、とは多くのケースで言い難いということです。

不調者やその要因の1つとなった上司を一方的に悪者にして解決するものではありません。

背景には、組織と個人または、個人同士での価値のずれがあるからです。

価値はそれぞれの立場では「正しいもの」であるために、容易にすり合わせしづらく、そのずれから生じるひずみはより大きく、回復が難しいことが多いのだと思います。「正しさの押し付け合い」とも表現できます。

6　人事労務担当者の心構え

先にお伝えしたように、メンタルヘルス不調は、職場側の要因と個人側の要因が、それぞれの「価値」をベースに、正しさの押し付け合いの結果としてのひずみから生じたとも言えます。

担当者として、休職復職支援を行う際に必要な心構えは、「俯瞰的に状況を把握」し、「組織の課題解決」「個人の課題解決」両方の視点から事に当たる、ということではないでしょうか。

7　俯瞰的に状況を把握する

休職復職支援に対して、厄介な仕事、本来業務ではない無駄な仕事、できれば避けたい仕事、メンタル不調者への対応は怖い、そんな先入観があるのではないでしょうか。そんな方は、次の視点で問題をとらえてください

・職場、個人どちらか、もしくは両方に「ひずみ」が生じている状態
・「ひずみ」を理解し、働きやすい職場づくり、あらたなキャリア、を模索する「好機」

職場だけでなく、個人のスキルアップにもつながる機会だと、自分に言い聞かせてみましょう。

8　組織と個人、両方の課題解決の視点を持つ

みなさんが、今後対応していくことになる様々なメンタルヘルス不調の事例は、先にお話しした

ように、組織と個人を共に成長させるための要素が満載です。

現れてきている事象としては、メンタルヘルス不調であったり、ハラスメントの行為者や被害者であったり、とても影響が大きく、難しい問題かもしれません。ただ、そこの難しさに目をとらわれすぎないでもらいたいのです。

これからお話ししていく、「仕組みづくり」と「個別支援」を組み合わせ、外部の力をうまく活用することで、難しさの多くは対応が可能です。

それよりも、内部の人事労務担当者としては、「個人を生かし、組織の力をより上げていく方法」に目を向けてもらいたいと思います。

個別のメンタルヘルス不調の要因を完璧に明確にすることは、残念ながら難しいです。ただ、不調に至る道筋の中に、個人の特性や組織風土などがかかわっていない例を、私は見たことがありません。

「俯瞰的に状況を把握し、組織と個人の課題解決に意識を向ける」言葉だけを見ると無理難題に感じるかもしれません。

しかし、大丈夫です。これから1つひとつ、お伝えしていきます。

第2章　「仕組みづくり」と「個別支援」

1　手法①「仕組みづくり」と「個別支援」

まずもって大切なことは、「仕組みづくり」と「個別支援」の考え方を持つことです。これはそれぞれ組織への対応と個人への対応とも理解していただいて大丈夫です。

休職復職支援は、担当者個人の力量だけで、どうこうできるものではありません。組織としてどのように対応するかの「仕組みづくり」と、個人への回復やスキルアップへの手助け「個別支援」をどのように提供するか、あらかじめ決めて必要な支援を提供していくことが重要です。

特に後者の「個別支援」に目が行く方が多いかもしれませんが、前者の「仕組みづくり」が疎かになると、特に、難しい事例について対応が後手になったり、より複雑になり、組織にも個人にも悪影響が出ることが多いと感じています。

2　「仕組みづくり」とは

本書でいう「仕組みづくり」とは、企業側での休職復職支援に関するルールや規定、その他支援を進めるうえで必要となる取り決め全般のことを指します。仕組みづくりを行う上で基本となる考え方を説明していきます。

「仕組みづくり」の基本的な考え方

・会社は労務の提供を行う場所で合って、治療の場でもリハビリの場でもない
・不十分な労務の提供しかできない場合は、安全配慮義務に従って休務させるか、病気でないのであれば、他の従業員と同じように指導教育あるいは処分の対象として対応する

この２つの考え方は、これからお伝えする各種仕組みづくりの中でも基本となる大切な考え方ですので、頭に入れておいてください。

「不調者に対して、なんだか厳しすぎるのではないか」

そう感じた方もいらっしゃるかもしれません。復職支援は特定の人への優越的な待遇を保証するものではありません。元をたどれば、私たちは雇用契約によって、会社と契約をして業務に臨んでいます。

極論になりますが、この契約の中に、メンタル不調であれば労務の提供が不十分であってもよい、とは記載されていないですよね。

私は両立支援促進員でもありますが、もちろん病気の方への一定の合理的配慮は必要です。そ

の方が、能力の中で十分な力を発揮する環境や治療を継続できる環境をつくることは会社の責務です。

ただし、その配慮が一方から求められるものを尊重しすぎて、周りの従業員やチーム自体に与える影響まで大きくなる場合はどうでしょうか。メンタル不調者への配慮は必要以上に行うのに、周りの従業員への配慮は必要ないのでしょうか。

病気であれば、しっかりと休んで治療・回復にあたってもらう。病気でないとすれば、周りと同じ基準で配慮して評価する、ことが大切です。

この判断をしっかりと行うためにも、「仕組みづくり」は非常に大切な取組みになってくるのです。

また、すべての従業員への積極的なメッセージにもなります。

不調者だけでなく、従業員やその家族、関係するすべての人間に対する会社の取り組む姿勢を明確にすることは、社員だけでなく、会社の「価値」を内外に示す大切な機会であると感じています。

3 「個別支援」とは

対して、本書でいう「個別支援」とは、医療的な側面からの本人への治療だけでなく、本人に特有の認知や思考のくせを明確にし、より適応的な認知や行動様式を身につけること、また、新たなスキルの取得まで視野に入れています。

さらには、不調者からの面談情報から、すべての従業員が働きやすくなる「いきいき職場づくり」「職場環境改善」「健康経営」にもつながる取組みと考えています。

休職復職支援では、「仕組みづくり」と「個別支援」を組み合わせることで、個人にも組織にも得られるメリットは大きくなるのです。

「個別支援」のメリット

会社として、個別支援にどこまで踏み込むのかは、検討すべき課題の1つです。

私傷病での休職に関して、「そこまで組織が対応（支援）するべきではない」、という考えもあるでしょう。

実際、大企業においても数年前までは、この考え方は多かったように思います。中小企業に関しては、言わずもがなですね。

「費用」ではなく「投資」と考える

今まで述べてきたように、職場でのメンタル不調は「価値の相違」から生じるものと考えています。「価値の相違」を「仕組みづくり」だけで埋めることは難しいのではないでしょうか。

休職復職支援は、個人のスキルアップと、組織の働きやすさの改善につながる好機であると考えれば、「個別支援」はかけたくない「費用」ではなく、人や組織への「投資」であるのではないでしょうか。

通常、メンタルヘルス不調者や退職者から、本音ベースで職場や会社の課題を聞き出すことは難しいですよね。「個別支援」をしっかり入れることで、特定の人だけでなく、すべての従業員が生き生きと働くヒントをたくさん集めることができるのです。

「健康経営」「人への投資」「エンゲージメント」「ストレスチェック後の職場環境改善」などといった時代の流れからも、「個別支援」を含んだ休職復職支援は、少なくとも、この20年ほどの私の休職復職支援の経験から、ますます必要になってくるものと確信しています。

外部心理職による個別支援とは

個別支援で大切な要素の1つが、外部心理職による継続的な支援、になります。

社内に産業医や産業保健スタッフとしての保健師がいたとしても、休職中の個別支援まで対応できる企業は限られているのが現状です。

また、専門職とはいえ、メンタル不調に関しては「専門外」として触ろうとしない場面もあるのではないでしょうか。

外部心理職による個別支援のメリット

まだまだ利用は少ないかもしれませんが、外部の心理職を用いた、継続した個別支援には、次のようなメリットがあります。

・休職者が安心して話をすることができる
・休職者の情報を、専門的な視点から確認することができ、各種判断の材料となる
・同じ専門職が継続して面談を行うことにより、情報把握のヒアリングの意味合いだけでなく、本人を支えるサポート要員となりうる
・継続面談から、本人側の不調に至る要因を明確にし、その改善や対応策の検討を、同伴者として対応できる
・復職後のフォローまで含めることで、社内でありながらも第三の居場所を確保することができ、復職後の揺れに関しても支援を提供することができる
・休職者や退職者の生の声を聴くことが可能になり、目の前の不調者への対応のみならず、不調者自体が発生しないための、職場環境改善に役立てることができる
・専用の面談や予約が可能な外部システムを活用することで、本人を支える関係者に迅速な情報提供が可能となり、正確な判断に寄与する

・人事労務担当者の労務コストを大きく削減することができる
・休職者以外の従業員に対しても、人を大切にするという会社の「価値」を明示することができ、優秀な人材の流出を防ぐことにつながる
・社会や学生に対しても、会社の「価値」を発信することになり、優秀な人材の新規確保につながる
・退職希望者は、自らの考えの整理が進み、早めの決断を下すことが可能になり、会社側の社会保険料等負担の軽減につながる
・会社と本人の間に入り、それぞれの主張をうまく翻訳してつなげることで、無用な対立を防ぐことができる
・どうしても対立構造となった場合には、ご家族含めて、正確な情報を伝える手段となりうる

外部心理職活用の意味

休職者に対して、上司も人事も産業医も保健師も、実は触りたくない、難しい、と思って放置されているケースがまだまだ散見されます。皆さんの会社はどうでしょうか。不調者はいても、復職したケースはいままで全くない。知らずに辞めていってしまっている。そんな状況が続いているかもしれません。

これから本書にてご説明する、「仕組みづくり」「個別支援」において、外部心理職の活用はカギ

になると考えています。「仕組みづくり」においては、専門的な知見や他社の情報から、今の時代に求められている仕組みを、穴がないようにしっかりと構築することができ、「個別支援」においては、組織と連携しながらも、専門職としての知識と経験を活かして、本人を支え、本人が変わるための伴走者となり、個人と組織をつなぐ翻訳者として意味を成すと考えるからです。

「外部心理職による個別支援」は、「休職者」だけでなく、「企業（人事労務担当者）」「すべての従業員」「就職を希望する人材」すべての利害関係者にとって、意味のある活動になるのです。ぜひ、活用を視野に入れてみてください。

外部リワーク機関による支援

外部心理職による個別支援の意味合いを述べてきましたが、万能ではありません。どれだけしっかりと準備したとしても、心理職との個別面談では「体力面での課題」「集団の中での課題」「実際の場面での課題」解決について、限界があります。

そこで用いられるのが「リワーク」機関です。リワークとは、return to work の略語です。うつ病などの精神疾患を原因として休職している労働者に対し、職場復帰に向けたリハビリテーション（リワーク）を実施する機関で行われているプログラムのことを指します。

復職支援プログラムや職場復帰支援プログラムともいいます。リワークプログラムは、休職者にとって職場復帰のハードルを下げ、心身ともに健康な状態で復帰し、長期的に安定した就労を実現することを目的としています。

詳細は、本書後半で記載していますので、そちらをご確認ください。

4 「仕組みづくり」その(1)：「指針」

仕組みづくりの一丁目一番地は「指針」づくりになります。

なにもそこまで大げさなものでなくても大丈夫です。Ａ４サイズ１枚程度のものをつくられるケースもあります。記入すべき内容をお示しします。図表１を参考にしてみてください。

・題名

「心と体の健康対策指針」「こころの健康対策指針」など。

・前段

『近年、従業員の受ける様々なストレスは拡大する傾向にあり、特に仕事に関して強い不安やストレスを感じている労働者は５割を超える状況にある。また、精神障害等に係る労災補償状況をみると、請求件数、認定件数とも近年、増加傾向にある。

このような中で、「こころの健康」問題が労働者、その家族、事業場及び社会に与える影響は、今日、ますます大きくなっており、事業場においてより積極的に社員の「こころの健康」の保持増進を図ることは非常に重要な課題となっている。

我が社においても、「こころの健康」は、安全衛生や体の健康と同様に重要な問題であり、まさに「健康経営」を担う大きな柱であると認識し、「○○○○指針」を作成した。この指針に基づき、こころの健康問題に取り組んでいくこととする』

・指針の表明

『社員のこころの健康問題により作業効率の低下、長期休業者等の発生における労働力の損失を未然に防ぎ、快適で健康的な職場づくりを図り、組織として個人として成長していくためにこころの健康の保持増進活動を推進する』

・メンタルヘルス推進担当者の任命

『こころの健康対策を推進していくため、従業員の中に「メンタルヘルス推進担当者」を任命する。当該委員は、衛生委員会等の場面において、こころの健康の推進に対する事柄について協議し、会社に対して意見を行い、活動の中心として推進役になる。また、従業員の休職復職に関する対応についても中心的な役割を担う』

・衛生委員会の活用

『こころの健康対策を推進していくため、衛生委員会において、こころの健康の推進に対する事柄について調査審議する。また、「メンタルヘルス推進担当者」を任命し、会社に対して意見を行い、活動の中心として推進役とする』

・産業医の選任・活用

『社員がこころとからだの健康保持増進のため、専門的な立場から助言、指導を行う産業医を選任・活用する。産業医は、○○○○院長　○○○○先生に依頼し、毎月第○○曜日○○：00～○○：00に本社にて業務を行う。

※個別面談を希望する者は、総務部に連絡

※連絡先は○○○○○○○』

・こころの相談窓口の設置・活用
『外部専門機関と提携し、メール・電話・対面によるこころの相談窓口を設置する。匿名での相談も可能であり、返信は外部専門機関の臨床心理士が行う。なお、相談内容について会社側は一切把握しないものとする。
受 付：24時間／365日
相談先：○○○○○○○』

・既存各種サービスの活用
『ストレスチェック、健保相談窓口、各種研修、職場環境改善、などの詳細記載』

・長期目標
『1．すべての社員がセルフケアの技術を習得する。
2．毎年ストレスチェックを実施し、その結果から生き生き職場づくりを推進する。
3．管理職は、職場環境改善及び社員への支援技術を習得し、メンタルヘルス不調者の発生予防、早期治療、職場復帰支援を行う。
4．上記目標達成のために、外部専門機関と提携し、必要な仕組みを構築する。』

【図表１　指針】

こころの健康づくり指針（例）

題名

□【こころとからだの健康対策指針】
□【こころの健康づくり指針】
□その他　【　　　　　　　　　　　　　　　　　　　　　　】

前段

□『近年、従業員の受ける様々なストレスは拡大する傾向にあり、特に仕事に関して強い不安やストレスを感じている労働者は５割を超える状況にある。また、精神障害等に係る労災補償状況をみると、請求件数、認定件数とも近年、増加傾向にある。このような中で、「こころの健康」問題が労働者、その家族、事業場及び社会に与える影響は、今日、ますます大きくなっており、事業場においてより積極的に社員の「こころの健康」の保持増進を図ることは非常に重要な課題となっている。

　我が社においても、「こころの健康」は、安全衛生や体の健康と同様に重要な問題であり、まさに「健康経営」を担う大きな柱であると認識し、「○○○○指針」を作成した。この指針に基づき、こころの健康問題に取り組んでいくこととする。』

□その他

○○○○指針の表明

□『社員のこころの健康問題により作業効率の低下、長期休業者等の発生における労働力の損失を未然に防ぎ、快適で健康的な職場づくりを図り、組織として個人として成長していくためにこころの健康の保持増進活動を推進する。』

□その他

こころの健康づくり指針（例）

□メンタルヘルス推進担当者の任命

□こころの健康対策を推進していくため、従業員の中に「メンタルヘルス推進担当者」を任命する。当該委員は、衛生委員会等の場面において、こころの健康の推進に対する事柄について協議し、会社に対して意見を行い、活動の中心として推進役になる。また、従業員の休職復職に関する対応についても中心的な役割を担う。

□その他

□衛生委員会の活用

□こころの健康対策を推進していくため、衛生委員会において、こころの健康の推進に対する事柄について調査審議する。また、「メンタルヘルス推進担当者」を任命し、会社に対して意見を行い、活動の中心として推進役とする。

□その他

□産業医の選任・活用

□社員がこころとからだの健康保持増進のため、専門的な立場から助言、指導を行う産業医を選任・活用する。産業医は、○○○○院長　○○○○先生に依頼し、
毎月第○○曜日○○：００～○○：００に本社にて業務を行う。
※　個別面談を希望する者は、総務部に連絡
※　連絡先は○○○○○○○○

□その他

こころの健康づくり指針（例）

□こころの相談窓口の設置・活用

□外部専門機関と提携し、メール・電話・対面によるこころの相談窓口を設置する。匿名での相談も可能であり、返信は外部専門機関の臨床心理士が行う。なお、相談内容について会社側は一切把握しないものとする。
受　付：　２４時間／３６５日
相談先：　○○○○○○○○

□その他

□既存各種サービスの活用

□ストレスチェック、健保相談窓口、各種研修、職場環境改善、など

□その他

□長期目標

□
１．すべての社員がセルフケアの技術を習得する。
２．毎年ストレスチェックを実施し、その結果から生き生き職場づくりを推進する。
３．管理職は、職場環境改善及び社員への支援技術を習得し、メンタルヘルス不調者の発生予防、早期治療、職場復帰支援を行う。
４．上記目標達成のために、外部専門機関と提携し、必要な仕組みを構築する。

□その他

「指針」には、例示したすべての項目を記載する必要はありません。ただ、会社としての代表者としての「価値」を明確にしていただくことが最も大切です。

なぜメンタルヘルス対策を行うのか、そこに結び付く「価値」をしっかりと書き込んでください。

5 「仕組みづくり」その⑵：「こころの健康づくり計画書」

指針のひな型ができ上がったら、次は計画書の作成です。

指針に沿ってどのようなことを、どのようなスケジュールで実施するかを決めていきます。

計画書のひな型としては、厚生労働省のホームページからダウンロードできます。しっかりと作成したい方は活用してみてください。

ただし、このひな形、詳しく書かれている一方で、大小すべての組織に当てはまるものではないと考えています。

特に中小企業にとっては内容が詳細すぎ、これから対策をすすめていく皆さんにとっては作成に苦労することが多いと考えます。

そこで、今回はつくりやすく、現実に即した内容を中心に抽出して、必要な内容をお示しします。

図表2も参考にしてみてください。

・**前段**

『メンタルヘルスケアは、中長期的視野に立って、継続的かつ計画的に行われるようにすることが重要であり、また、その推進に当たっては、事業者が労働者の意見を聞きつつ事業場の実態に則した取組みを行うことが必要となる。このため衛生委員会等において十分調査審議を行い、「こころの健康づくり計画」を策定する。

「こころの健康づくり計画」では、「セルフケア」、「ラインによるケア」、「事業場内産業保健スタッフ等によるケア」及び「事業場外資源によるケア」の「4つのケア」を継続的かつ計画的に行っていく』

・**体制**

『責任者（氏名）』…『こころの健康づくりの責任者』

『産業医（氏名）』…『計画立案への協力、専門的立場からの助言』

『衛生管理者（氏名）』…『こころの健康づくりを組織面から担当する担当者』

『メンタルヘルス対策推進担当者（氏名）』…『実質的な担当者。計画の企画・立案・評価改善。社内社外の連絡調整業務、などを担う。他はなくとも、この担当者は任命するのが望ましい』

・実施内容

『ア　ストレスチェック

セルフケアの推進のため、ストレスチェックの機会を提供する。

①従業員は、事業場内産業保健スタッフが提供する各種ストレスチェックを利用して、自らのストレスを適宜チェックする。

②組織結果に基づいた職場の健康リスクの評価と、職場環境改善について、外部機関の支援を受けながら積極的に取り組む。

イ　教育研修

心の健康づくりの推進のために、関係者に対して教育研修を実施する。

①全従業員向けの教育研修・情報提供

セルフケアを促進するため、管理職を含むすべての従業員に対して、教育研修・情報提供を行う。

②管理職への教育研修・情報提供

ラインによるケアを促進するため、管理職に対して教育研修・情報提供を行う。

③事業場内産業保健スタッフ等への教育研修・情報提供

事業場内産業保健スタッフ等によるケアを促進するため、事業場内産業保健スタッフ等に対して、事業場外資源が実施する研修等への参加を含めて教育研修・情報提供の機会を設ける。事業場内産業保健スタッフ等の職務に応じて専門的な事項を含む教育研修、知識修得等の機会の提供を図る。

ウ　事業場外資源を活用した心の健康に関する相談の実施
従業員には、以下の相談窓口を設定する
①電話・メールによる外部相談窓口
　〇〇〇〇〇〇〇〇
②対面による相談窓口
　〇〇〇〇〇〇〇〇』

・個人情報の配慮

『職場環境等の評価のための調査やストレスチェックを実施するに当たっては、個人のプライバシーの保護に留意する。また、従業員からの相談対応に当たった者は、そこで知り得た個人情報の取扱いに当たって、関連する法令及び社内規程を遵守し、正当な理由なく他に漏らしてはならない』

休職復職支援に関する情報は、ストレスチェックの個人結果のみならず、面談情報や、場合によっては医療情報も扱うことになります。個人情報法保護に関してはしっかりと取り組みましょう。

・目標と評価

□年次目標

①管理職が、心の健康づくり計画の方針と体制を理解し、部下からの相談対応の基本的技術を修得する。

②産業医及び外部専門機関心理職による従業員からの相談対応が円滑に行われる体制を整える。

また、この目標を達成するために、以下のような取組みを実施する。

・管理職全員に対して、職場のメンタルヘルスに関する教育・研修を実施する。年間に2回開催し、第1回目は心の健康づくりの方針と計画の内容を徹底して周知する。第2回目は、部下からの相談の対応方法、話の聴き方について研修を実施する。

・産業医及び外部専門機関心理職への相談について、従業員向けのパンフレットを作成して配布するとともに、社内報などにより利用方法を周知する。

□長期目標

①管理職を含む従業員全員が心の健康問題について理解し、心の健康づくりにおけるそれぞれの役割を果たせるようにする。

②円滑なコミュニケーションの推進により活気ある職場づくりを行う。

③管理職を含む従業員全員の職場環境による心の健康問題を発生させない。

□評価

①教育研修への管理職の参加率を90％以上とする。

②ストレスチェックの受験率を90％以上とし、高ストレス者の医師面接受診率を20％以上にする。

③産業医及び外部専門機関心理職への早い段階での相談を増やす

・年間スケジュール

健康管理に関わるスケジュールに、ここまで書き込んできた情報を追加する。12か月間のスケジュールとして整理する。

健診日や各種研修会の実施日など、すでに、年間の会社としての健康管理のスケジュールはお持ちだと思います。メンタルヘルスに関する各種の取組みについても、その年間スケジュールに追記する形で大丈夫です。

6 「仕組みづくり」その(3)：「業務フロー（復職プログラム）」

皆さんの企業では、私傷病での欠勤に対して、どのような制度があるでしょうか？

・使い切れなかった有給休暇を、私傷病の欠勤の際のみ利用できる「特別（福祉）休暇」

【図表２　計画書】

こころの健康づくり計画書（例）

前段

□　メンタルヘルスケアは、中長期的視野に立って、継続的かつ計画的に行われるようにすることが重要であり、また、その推進に当たっては、事業者が労働者の意見を聞きつつ事業場の実態に則した取り組みを行うことが必要となる。このため衛生委員会等において十分調査審議を行い、「こころの健康づくり計画」を策定する。
「こころの健康づくり計画」では、「セルフケア」、「ラインによるケア」、「事業場内産業保健スタッフ等によるケア」及び「事業場外資源によるケア」の「4 つのケア」を継続的かつ計画的に行っていく。

□その他

□体制

担当	氏名	役割
責任者		健康問題の総括担当
衛生管理者		産業医と協力し、活動推進
メンタルヘルス推進担当者		計画の企画・立案・評価改善・研修等の実施、関係者との連絡調整
産業保健スタッフ		管理職の活動支援
人事労務部門担当者		管理職からの相談対応、労働時間等の職場環境改善
産業医		計画立案への協力、相談対応
衛生委員会参加者		こころの健康問題の審議等への参加

1

こころの健康づくり計画書（例）

□役割

□従業員、管理職、事業場内産業保健スタッフ、人事労務部門及び衛生委員会の役割を以下のとおりとする。

ア　従業員
従業員はストレスや心の健康について理解し、自分のストレスに適切に対処し、必要に応じてメンタルヘルス相談を利用すること。
イ　管理職
管理職は、職場の管理職として、職場環境等の改善を通したストレスの軽減、部下からの相談への対応を行う。また、管理職自身も必要に応じてメンタルヘルス相談を利用する。
ウ　事業場内産業保健スタッフ
管理職を含む従業員の活動を支援する。
①　事業場内メンタルヘルス推進担当者
原則として衛生管理者等がその役割を担うものとし、産業医や外部専門機関の助言を得ながら、心の健康づくり計画の企画、立案、評価・改善、教育研修等の実施、関係者の連絡調整などの実務を担当し、事業場の心の健康づくり活動を中心的に推進する。復職支援についても中心的な役割を担う。
②　衛生管理者等（事業場内メンタルヘルス推進担当者を除く）
産業医と協力して、心の健康づくり活動を推進する。
③　産業医
・心の健康づくり計画の企画・立案及び評価への協力
・従業員、管理職からの相談への対応と保健指導
・職場環境等の評価と改善によるストレスの軽減
・従業員、管理職等に対する情報提供及び教育研修
・外部医療機関等との連絡
・就業上の配慮についての意見
エ　人事労務部門
人事労務管理担当者は、従業員、管理職からの相談があれば、その対応を行う。

人事労務管理の担当者は、管理職だけでは対応が困難な問題（職場配置、人事異動等）に対応し、また、労働時間等の改善及び適正配置を行う。
オ　衛生委員会
衛生委員会は、事業場内メンタルヘルス推進担当者を中心に心の健康づくり計画の策定に関わる。また、計画どおり心の健康づくりが進められているか評価を行い、継続的な活動を推進する。

□その他

2

こころの健康づくり計画書（例）

□実施内容

□具体的なメンタルヘルス対策として、以下の取組を行う。

ア　ストレスチェック
　セルフケアの推進のため、ストレスチェックの機会を提供する。
　①　従業員は、事業場内産業保健スタッフが提供する各種ストレスチェックを利用して、自らのストレスを適宜チェックする。
　②　従業員は、ストレスチェックの結果に応じて、事業場内産業保健スタッフによるストレスに関する保健指導を受ける。
　③　組織結果に基づいた職場の健康リスクの評価と、職場環境改善について、外部機関の支援を受けながら積極的に取り組む。

イ　教育研修
　心の健康づくりの推進のために、関係者に対して教育研修を実施する。
　①　全従業員向けの教育研修・情報提供
　セルフケアを促進するため、管理職を含む全ての従業員に対して、教育研修・情報提供を行う。
　②　管理職への教育研修・情報提供
　ラインによるケアを促進するため、管理職に対して教育研修・情報提供を行う。
　③　事業場内産業保健スタッフ等への教育研修・情報提供
　事業場内産業保健スタッフ等によるケアを促進するため、事業場内産業保健スタッフ等に対して、事業場外資源が実施する研修等への参加を含めて教育研修・情報提供の機会を設ける。事業場内産業保健スタッフ等の職務に応じて専門的な事項を含む教育研修、知識修得等の機会の提供を図る。

ウ　事業場外資源を活用した心の健康に関する相談の実施
　従業員には、以下の相談窓口を設定する
　①　電話・メールによる外部相談窓口
　　○○○○○○○○
　②　対面による相談窓口
　　○○○○○○○○

□その他

3

こころの健康づくり計画書（例）

□個人情報の配慮

□個人情報の保護として、以下の取組を行う。

職場環境等の評価のための調査やストレスチェックを実施するに当たっては、個人のプライバシーの保護に留意する。また、従業員からの相談対応に当たった者は、そこで知り得た個人情報の取扱いに当たっては、関連する法令及び社内規程を遵守し、正当な理由なく他に漏らしてはならない。

□その他

□目標と評価

□年次目標
① 管理職が、心の健康づくり計画の方針と体制を理解し、部下からの相談対応の基本的技術を修得する。
② 産業医及び「○○精神科クリニック」医師による従業員からの相談対応が円滑に行われる体制を整える。
また、この目標を達成するために、以下のような取組みを実施する。
・管理職全員に対して、職場のメンタルヘルスに関する教育・研修を実施する。年間に２回開催し、第１回目は心の健康づくりの方針と計画の内容を徹底して周知する。第２回目は、部下からの相談の対応方法、話の聴き方について研修を実施する。
・産業医及び「○○精神科クリニック」医師への相談について、従業員向けのパンフレットを作成して配布するとともに、社内報などにより利用方法を周知する。

□長期目標
① 管理職を含む従業員全員が心の健康問題について理解し、心の健康づくりにおけるそれぞれの役割を果たせるようにする。
② 円滑なコミュニケーションの推進により活気ある職場づくりを行う。
③ 管理職を含む従業員全員の職場環境による心の健康問題を発生させない。

□評価
① 教育研修への管理職の参加率を 90%以上とする。
② ストレスチェックの受験率を 90%以上にする。高ストレス者の医師面接受診率を 20%以上にする
③ 産業医及び「○○精神科クリニック」医師への早い段階での相談を増やす（ 連絡会議を開催し、産業医及び「○○精神科クリニック」医師の印象から評価する)。

こころの健康づくり計画書（例）

□目標と評価

□その他

□年間スケジュール

月別重点実施事項

月	重点実施事項	責任者	対象者		重点実施事項	責任者	対象者
4月	衛生委員会（心の健康問題の審議） 推進体制の整備			10月	衛生委員会（心の健康問題の審議） 全国労働衛生週間		
5月	衛生委員会 相談窓口の開設 管理者に対する心の健康問題に係る研修			11月	衛生委員会 相談窓口の開設		
6月	衛生委員会 全国安全週間準備月間 ストレスチェックの実施			12月	衛生委員会 定期健康診断の計画		
7月	衛生委員会（ゆとり休暇の審議） 全国安全週間実施			1月	衛生委員会（心の健康問題の審議） ストレスチェックの実施		
8月	衛生委員会（ゆとり休暇の審議）			2月	衛生委員会 実施結果のまとめと次年度計画の作成 相談窓口の開設		
9月	衛生委員会 全国労働衛生週間準備月間 相談窓口の開設 心の健康問題に係る研修会の実施			3月	衛生委員会（次年度計画の審議）		

5

・自らの申請で利用できる「有給休暇」
・診断書を添付し、申請を行うことで利用できる「病気欠勤」
・診断書を添付し、申請を行うことで利用できる「休職」

他にも会社特有の制度があるかもしれません。

「有給休暇」と「休職」については、有給か無給か、期間はどれぐらいか、など、細かなルールは決められていると思いますが、それ以外はしっかりとルールが決まっていないものもあるのではないでしょうか。

ただ、最終的には、「休職期間満了」までに復職できるか、できなければ、自然退職になる旨、就業規則には規定がある場合が多いと思います。

本書では、どのような制度であれ、お休みに入って療養している期間を「休務」「休務中」と呼び、その中でも就業規則に規定された「休職」制度を利用している期間を「休職」「休職中」と呼ぶことにします。

休職開始から復職までの流れ

休職開始から、復職までの流れを、「業務フロー」として整備し活用します。

このフロー図の作成自体が「復職プログラム」の作成にもなると言えます。業務フローの縦軸は時間軸、横軸は各関係者としてフロー図を作成します。誰がどのタイミングで何をするか、を俯瞰的に整理します。業務フローを作成することで、足りていない規定やステップ、また各種書式が明らかになり、視覚的にも対応が見える化され、複数の関係者でより組織的な対応が可能になります。

業務フローの縦軸

先ほど整理した、休務中に適用される最初の制度を一番頭にして作成します。

例えば、病気欠勤の制度があり、その後休職に入るルールの会社であれば、病気欠勤↓休職↓リワーク↓復職↓復職後フォロー、といった具合です。

外部心理職による「個別支援」や外部専門機関による「リワーク」については後ほど詳しく解説しますが、今の休職復職支援の中では、大切な要素なので可能であれば設計時から仕組みに組み込むことを検討しましょう。

業務フローの横軸

業務フローの横軸は、「当該従業員」「管理職（上長）」「人事労務担当者」「産業医」「産業保健スタッフ」「主治医」「外部専門家」というのが一般的です。

「ステップ」と「タスク」

業務フローを整理するうえで、「ステップ」と「タスク」は重要な視点となります。

「ステップ」は休務開始から復職後のフォローまでを、時系列で整理した塊のことで、本書では、①「検知・発見」、②「情報収集」、③「休職判断」、④「休職者・不調者対応（療養期）」、⑤「休職者・不調者対応（復職準備期）」、⑥「休職者・不調者対応（リワーク期）」、⑦「復職判断」、⑧「復職後フォロー」の8つのステップを想定してご説明していきます。

「タスク」とは、各ステップ内において、人事労務担当者として対応すべきやるべきこと、を示しています。

8つのステップをすべて実施しなければならない、というわけではありません。会社規模や風土によって、必要のないステップが出てくるかもしれません。本書では、最も細かくステップを分けて示しています。皆さんの会社の実情に応じてカスタマイズして活用していただければ大丈夫です。

ステップ①：「検知・発見」

はじめのステップになります。その名の通り、不調者や要対応者の情報収集を行うステップです。

不調者の早期発見早期対応は、休職復職支援の大切な要素です。

ただ、言うほど早期発見や情報収集は簡単ではないのが実情です。

「誰」が気づくべきなのか？

ある精神科のアンケートで、「あなたは誰に言われて受診しましたか？」という問いをしました。「家族」「家族以外の知人友人」「職場の人、仕事関係の人」の３つの選択肢があったときに、どの選択肢が最も多かったと思いますか？　私も初めて知ったときは驚きましたが、「職場の人、仕事関係の人」が最も多かったのです。

家族や知人友人よりも、日中長い時間を一緒に過ごしているのは、実は「職場の人、仕事関係の人」なのかもしれません。

いち早く不調に気づいて、声をかけ、話を傾聴し、必要な場所につなげることは、会社の人、特に上司の大切な役割なのです。

これらの内容を学ぶ、管理職を対象とした「ラインケア研修」をしっかりと行うことは早期発見早期予防に最も大切な取組みです。

管理職が、不調者に対して、「安全配慮義務」の視点からも、「気づき」「声かけ」「聴く」「つなぐ」を実践し、実際の対応の基本となる「傾聴」の手法を学ぶことが肝要です。

安全配慮義務とは

休職復職支援を行うにあたって、「安全配慮義務」の考え方を知ることは、必須です。

ここでは、本書でも今後頻回に登場するこの言葉の意味を整理しておきます。

定義としては『職場環境の整備、作業の進行方法の指示等の場面において、企業が従業員の生命、健康が損なわれないよう配慮するべき義務』となります。労働契約法に明記された考え方で、労働者の健康にも配慮すべきとの考え方から「健康配慮義務」と呼ばれることもあります。

「予見可能性」と「結果回避義務」

労災とは別に、民事での損害賠償請求の際には、この安全配慮義務に対する違反があったかどうかが争われることになります。この際にポイントになるのが「過失」の有無です。

「過失」とは「予見可能性を前提とした結果回避義務違反」であり、言い換えれば、「うつ病などの状態に置かれた従業員がいた場合、自死等の最悪の結果の発生を予見することができたかどうか。できた場合には、その結果の回避のために必要な相応の行動をとらなければならない」となります。

予見可能性が大きい場合には、より高度な結果回避義務を負い、逆に予見可能性が小さい場合には、相対的に結果回避義務が低いものになるというのが基本と考えられています。

職場であっても、誰が見ても「いつもと様子が違うぞ。以前受けたラインケア研修の内容からもうつ病をはじめとした、病気の状態ではないか」といった状況であれば、結果回避のために職場で行わなければならない対応、「話を聴いて、必要なところにつなぐ、病気かどうか判断する」などの責任はより大きくなる、ということです。

管理職の義務

労務管理に対して大半の権限が委譲されている管理者は、同時に雇用主として負うべき労務管理上の義務も委譲されるとの理解になります。

すなわち、「安全配慮義務」は管理職個人が背負い、対応すべき義務となっていると理解できるのです。

管理職を対象とした「ラインケア研修」の実施は、この安全配慮義務を会社としてしっかりと履行していくために、最も大切な取組みの1つなのです。毎年1回は、ラインケア研修を実施し、新任管理職含め、情報提供や技術の習得を行いたいですね。

気づくのための「システム（仕組み）」の大切さ

人事労務担当者のみならず、管理職や一般従業員からも不調が疑われる様子については、一元的に情報を収集し管理できる仕組みの構築が望ましいと考えます。

「不調者等情報提供書」といった書式を作成し、管理職から情報を本社に収集する方法もありますし、専用のシステムを使って情報収集することも多くなっています（図表3）。

情報の質

この時点で収集される情報にはばらつきがあるのがつきものです。

「ラインケア研修」でしっかりと気づきの大切さを伝えていたとしても、「とりあえず人事につなげておけば何とかなるか」と、まだ病気の段階ではないのに、現場でのマネジメントがしっかりと機能する段階であるにもかかわらず、情報が寄せられることもあるでしょう。

次のステップ「情報取集」では、適切な手段でより詳細な情報を得ていきます。

ステップ①：「検知・発見」――「タスク」

「検知・発見」のタスクには、次にあげるものが代表的です。

・不調者情報の収集と関係者（産業医・保健師・外部心理職など）との共有
・収集された情報から、追加の情報収集の必要があるかどうかの判断

【図表３　不調者等情報提供書】

取扱注意　　　　年　　月　　日

不調者等情報提供書

工場長 殿　　　　報告者

不調者等情報			
氏名		所属	
就業状況	□ 就業中　□ 欠勤中	□ 休職中　□ その他（　　）	
※治療状況	□ 未受診　□ 受診済	□ その他（　　）	
※受診先医療機関	【　　】		
不調の様子	□ 遅刻欠勤などが増えた	□ 失敗やケアレスミスが増えた	
	□ 会議などで発言が減った	□ 眠りに問題がある様子	
	□ 明らかにやる気が落ちている	□ 食欲が落ちた様子	
	□ 「体調が悪い」と深刻に訴える	□ 何事も動きが緩慢になった	
	□ 疲れやすくなったように思う	□ テレビや新聞などに興味を示さなくなった	
	□ 「死にたい」「消えてなくなりたい」などと訴える		
	□ 本項目が複数当てはまり、それが2週間以上継続している様子だ		
	□ その他（　　）		
※診断書	□ 添付なし　□ 添付あり	□ その他（　　）	
報告者コメント			

※必要に応じて記入

以下、管理用

産業保健スタッフ記入欄	
人事労務スタッフ記入欄	

ステップ②：「情報収集」

「検知発見」で得られた情報は不十分かつ正確性に乏しい可能性もあります。

安全配慮義務の視点からの判断をしっかりと行うには、追加での情報が必要となります。

情報収集の方法には、「アンケートによる情報収集」と「面談による情報収集」が考えられます。

従業員数が多く、不調情報も全国各地から常に上がってくる場合には、毎回面談を行うことは難しいでしょう。

そのような場合、現状のこころの状態を把握する簡単な質問を行うことは意味があると考えます。

専用のシステムから対応ができれば、人事労務担当者の負担も下げることができるでしょう。

「K6」

代表的に用いられているアンケートは「K6」と呼ばれる設問です。

「K6」とは、うつ病や不安障害などの精神疾患をスクリーニングすることを主な目的としています。

ただ、ここでは病気の鑑別に用いるのではなく、心理的ストレスを含む何らかの精神的な問題の程度を表す指標として利用します。

アンケートの合計点が高いほど、精神的な問題がより重い可能性があるとされています。６問からなる設問で、実施に負担感が少なく、簡単に本人の状況を把握することができます。

具体的には、次の設問を「全くない」「少しだけ」「ときどき」「たいてい」「いつも」の選択肢から選び、それぞれ1点から5点の配点として、５点未満：問題なし、５～10点未満：要観察、10点以上：要注意　として利用します。

改めてお伝えしますが、ここでの利用は病気の鑑別の意味合いではなく、精神的な状況を把握するものとしての活用になります。利用方法や情報の共有については注意を払ってください。

問１　神経過敏に感じましたか
問２　絶望的だと感じましたか
問３　そわそわ、落ち着かなく感じましたか
問４　気分が沈み込んで、何か起こっても気が晴れないように感じましたか
問５　何をするのも骨折りだと感じましたか
問６　自分は価値のない人間だと感じましたか

「面談」

他方、面談による情報収集は、より詳細な情報を得ることができる意味ある手段です。

ここまで「面談」という言葉を使ってきましたが、本書では、「面談」と「面接」については意味合いを分けて使っていきますので、ここで整理しておきます。

「面談」とは、相手の気持ちに寄り添って、話を聴く、傾聴することを前提としています。正しいかどうかを判断するのではなく、相手の気持ちや考えをそのままに聴き取る場面です。

他方、「面接」とは、事実関係の確認であったり、会社組織からの通知や通達を想定した場面です。「情報収集」では「面談」の実施となります。では、誰が面談を担うのか、次に、メリットとデメリットを整理しながら示してみます。会社の実情に合わせて、面談担当者を決定してみてください。

・**直属の上司による面談**

メリット　：本人をよく知る存在であり、日ごろの状況と現状（不調時）との違いが明確

デメリット：専門的な視点での評価やアドバイスが不十分の可能性。当人との関係性が課題で不調になっている可能性もあり。また、今後の人事考課を考えて話ができない可能性もあり

・**部門長による面談**

メリット　：組織として迅速に決定できる可能性があり

デメリット：専門的な視点での評価やアドバイスが不十分の可能性。普段話をする関係性でない

場合、本音を話しづらい可能性あり。今後の人事考課を考えて本音が話せない可能性もあり

・人事労務部門担当者による面談

メリット　：欠勤や休職などの必要な情報の詳細を得ることができる。不調者の勤怠情報を把握しているので、組織として迅速に決定できる可能性もあり

デメリット：専門的な視点での評価やアドバイスが不十分の可能性。普段話をする関係性でない場合、本音を話しづらい可能性あり。今後の人事考課を考えて話ができない可能性もあり

・産業医、保健師などの社内産業保健スタッフによる面談

メリット　：専門的な視点での評価やアドバイスがもらえる可能性あり

デメリット：日程調整が困難であったり、医療的な視点から専門外であると、面談の実施自体に積極的でない可能性あり

・公認心理師、臨床心理士などの外部専門機関の心理士による面談

メリット　：専門的な視点での評価やアドバイスがもらえる可能性あり。産業心理の専門家であり、本人の状況の把握だけでなく、組織の課題感の整理、そのフィードバックと改

善案の提案まで対応が可能

デメリット：外部機関との契約対応であり、各種縛り（面談場所や手段、金額面など）あり

どのような情報を収集するのか

面談による追加の情報収集では、いつもとの違いが生じていないか、次の点を確認してみてください。

■勤怠面

「休暇、欠勤、遅刻が目立つ」「仕事が遅くなる」「ミスが増える」「仕事の効率が低下する」「仕事に自信を失い自己卑下する」「会議などで口数が少なくなる」「自発的な発言が少なくなる」

■身体行動面

「眠りに問題がある」「元気がない、やる気がない」「新聞、本などを読まなくなる」「冗談を言ったり笑ったりしなくなる」「食欲の低下」「服装に無頓着になる」「イライラする」「意味もなく涙がでてくる」「自分には意味がないと自分を責める」「消えてなくなりたいと思ってしまう」

これらの項目の中で、特に身体行動面で複数、しかも2週間以上継続している項目がある場合には、通常勤務ができているかどうか疑わしい、場合によっては病気の状態の可能性があるという判断は合理的と考えられます。

「いつもとの違い」に気づくことが最も大切です。

外部心理職による面談のメリット

私がおすすめするのは最後に記した「公認心理師、臨床心理士などの外部専門機関の心理士による面談」です。今後は「外部心理職」と表現しますが、私自身の立場もこれになります。

「情報収集」時点での面談では、「休みに入りたくない」「会社に○○とは思われたくない」「弱みを見せたくない」といった思いから、心身の反応が出ているにも関わらず、社内の人との面談では、本音を話すことに躊躇する方が多いからです。

産業心理を専門としている外部心理職による面談は、本人の正確な心身の状態の把握や評価と共に、組織側の課題感についての整理やフィードバックにもつながります。

早期発見早期対応のためには、積極的に外部心理職を利用してみてください。

ステップ②：「情報収集」の「タスク」

「情報収集」のタスクを整理します。

・追加情報が必要かどうかの判断
・追加情報が必要であれば、「アンケート」もしくは「面談」での情報収集

・ステップ③「休職判断」への移行判断

ステップ③：「休職判断」

3つ目のステップは「休職判断」です。ここでは、「検知・発見」「情報収集」で得られた情報から、休職発令を行います。

会社側で集めた各種情報から、休職の必要性ありと判断した場合の対応になります。

休職に至る実際的なケースから人事労務担当者としての対応を見ていきましょう。

本人から診断書が提出された場合

本人が不調を認識しており、自ら医療機関を受診し、療養の必要性が書かれた診断書を持参した場合には、スムーズに休職に関する発令ができるはずです。

具体的には、「休職申請書」と共に「診断書」を提出してもらい、休職に入ります。ここで大切なことは、休職者、それが難しければご家族に、休職中に必要な情報をしっかりと伝え、共有することです。具体的には「しおり」のような形で本人、もしくはご家族にお渡しすることが大切です。

休職中は、会社が提供する各種支援を用い、治療と回復ならびに、状況の共有については、自らの責任において行うことをしっかりと、この時点で意識してもらうことが大切です。

具体的な復職基準についても明記し、この基準を乗り越えていく必要がある、という意識を持ってもらうことも大切です。

休職中の「しおり」

休職時に渡す「しおり」には次のような内容を記載するとよいでしょう。

・休職にあたっての心構え

①私傷病での休職に関して、この期間は、従業員自らの責任で病気療養を行うものです。病者として、医療機関への通院・服薬に加えて、回復に向けての外部心理職やリワーク機関との連携をはかり、回復改善に努めてください。

②復職に関しては、主治医の診断書、外部心理職の意見書、産業医の意見書、人事労務担当者や管理職からの報告書、などを経て、復職判定委員会を開催し、最終的には事業主の判断で、復職の可否や復職場所を決定します。主治医の診断書のみで判断されるものではありませんのでご留意ください。

③休職中は、会社で定める復職基準をクリアしていただくために、外部専門機関と連携し、個別の復職支援（外部心理職による月１回の面談）とリワーク訓練を、専用のシステムを用いて提供します。休職中の会社との連絡や各種面談の日程調整、状況報告書の提出などはすべてこのシステ

ムから対応をお願いします。
弊社の復職判定基準は次のとおりになります。
①復帰の意欲について（働きたいと積極的に思っている。業務をこなしたいと思う）
②所定労働時間の業務が可能か（本人の感覚、外部心理職の評価、主治医の評価など）
③眠りが安定しているか（入眠困難や早朝覚醒が週0日～1日程度のレベルまで回復しているか）
④生活リズムが整っているか（起きる時間、寝る時間、食事の回数など）
⑤集中力や思考力が回復しているか（少なくとも図書館などで所定労働時間、週5日、集中力思考力を保って過ごすことができるか）
⑥不調の要因や経過について、自分なりに整理ができているか（本人の面（認知の偏り）、環境面、共に）
⑦気持ちや体を休める習慣や時間をつくれているか（休日の過ごし方など）
⑧不調のサインを把握しているか（頭痛・腹痛・腰痛・肩こり・イライラなど様々）
⑨不調時のつなぎ先を認識できているか（主治医、産業医、産業保健スタッフ、人事労務担当者、上司など）
⑩治療（服薬）について、主治医からの指示をきちんと守れているか
⑪復帰後の業務や生活について、どのようなことを意識していきたいか、意識していくべきか整理

できているか

休職期間満了時には、就業規則に則り、自然退職となります。

・休職中の流れ

①休職中は「療養期」「復職準備期」「リワーク期」「復職判断」と進むことになります。

②休職中は○週に1回、「状況確認シート」を用い、システムから体調面の報告をお願いします。体調がすぐれず、報告が難しい場合は、その旨の報告をご家族からの入力でも構いません。

③休職中は、外部心理職と月1回の面談を実施してもらいます。日程調整などの詳細は外部専門機関から直接連絡がきますので、システムから対応をお願いします。面談記録は休職者の休職復職の判断のために共有されます。面談内容の開示同意については、添付する書面にサインの上、システムからアップロードしてください。休職中の各種関係者とのやり取りに関しても、システムからお願いします。

④「療養期」「復職準備期」「リワーク期」「復職判断」の移行に関しては、会社側ではシステムから状況の把握に努め、一定の基準をクリアした場合、進めていくことになります。各期に対応することなどもシステムから確認できます。詳細確認の上、各期ごとに必要な対応をお願いします。

・休職者の基本情報と会社との連絡

①休職期間：休職期間は○年○月○日で満了となります。

②休職中の保障：傷病手当金を申請します。申請に関しては別途システムからお知らせします。
③社会保険料：毎月指定日に会社に振り込みをお願いします。詳細はシステムから確認ください。
④会社との連絡：システムを通じて連絡をお願いします。関係者に共有が可能です。

・復職と復職後のフォロー

①職場や勤務時間についての配慮については、主治医等の意見を聴いて配慮する場合がありますが、原則、元職復帰で、所定労働時間での復帰となります。
②外部心理職とのフォローアップ面談が復職後3か月実施可能です。
③復帰後○か月以内に、同一疾病の再発もしくは、要因を同じとする心身の不調により、○日以上の欠勤が出た場合は、就業規則に則り再休職を発令します。その際には休職期間は通算されます。

・休職中の対応「療養期」

まずは、ゆっくりと心と体を休める時期です。次に示すことを意識しながら、心身の負担を外すように心がけて療養してください。

①医師の指導の下、服薬を指示された通りに行う
②仕事のことは考えないようにし、しっかりと眠りの時間をつくる
③無理に活動したり、気分転換する必要はなく、心地よいと思うことだけに時間を使う
④主治医などの説明から、家族にも療養の意味と必要性を理解してもらい、協力を仰ぐ

⑤可能な範囲での状況確認シートの記入と報告
⑥外部心理職との定期面談の実施

・休職中の対応「療養期（後期）」

復職準備期では、復職に向けて準備を進めていくことになります。次に示すことを意識しながら、生活リズムを安定させ、できることを増やしていきましょう。会社が提供する資源を用いて、主治医と相談しながら進めてください。

①起きる時間、寝る時間を一定にして、生活リズムを安定させる
②「ラーメンを食べに外出したい」「本を買いにいきたい」やりたいことできることを始めてみる
③外出後の反動としての疲れに注意をする
④家事炊事など、家の手伝いをはじめ、日課として継続する
⑤体力面の回復のために、散歩や軽い運動を始める
⑥復職準備状況確認シートの記入と報告
⑦生活チェックリズム表の記入と報告
⑧外部心理職との定期面談の実施

・休職中の対応「復職準備期」「リワーク期」

復職に向けて生活リズや体力が戻ってきたら、本格的に復職に向けての準備（訓練）を始めまし

ょう。リワーク機関を用いての対応も効果的です。会社が提供する資源を用いて、主治医と相談しながら進めてください。

①生活リズムや注意力集中力を、所定労働時間に合わせる
②通勤時の交通機関を用いて、通勤の訓練を行う
③コミュニケーションや考え方のくせを明確にし、合理的な柔らかい考えをつくり出す訓練を行う
④自分の病気の特性や不調のサインを知り、いち早く対応できるようにする
⑤複数のストレス対処法を学び、実践できるようにする
⑥葛藤場面においても、感情が優位にならず、その場に応じて自分の気持ちを表現できるようにする
⑦復職準備状況確認シートの記入と報告
⑧生活チェックリズム表の記入と報告
⑨外部心理職との定期面談の実施

本人から診断書が提出されていない場合

他方、問題になるのは、会社側では各種情報から休職が必要と判断しているにも関わらず、本人が休職を拒んだり、病気ではないと言い張ったりするケースですね。

その前に、そもそも、ここまで収集した情報から、どのような基準で休職が必要と判断すればよ

いのか、と思われる方もあるでしょう。
休職を判断するポイントは次のとおりです。

「通常勤務」ができているかどうか

ここで大切なのは、「病気かどうか」の判断を会社でするわけではない、ということです。診断は医師にしかできません。通常「診断書」は継続して受診している主治医から出されることになります。

会社にとって大切なことは、病気かどうかではなく、通常勤務ができているかどうか、通常の労務提供が行われているかどうか、の視点になります。

通常の労務提供が行われていないとすれば、安全配慮義務の視点からの休職の発令か、少し極論になりますが、病気でないとするのであれば、指導教育あるいはルールに従っての処分の対象となる、とも考えられます。

やはり、休職が必要との判断となれば、最終的には主治医の診断書が必要になります。受診と診断書の受領にむけて「面接」を実施しましょう。

「面接」の実施

繰り返しになりますが、大切なことは、ここでは本人の状況を傾聴することよりも、収集した情報から、心身の反応により、通常勤務が困難な状況である可能性が高いことを伝え、「安全配慮義務」のしっかりとした履行の必要性とそのための対応について、「お願い」ではなく、「指示・命令」として対応してもらいたい（診断書の受領もしくは休職が必要である）旨を伝えることです。

就業規則等関連のルールに根拠がある場合には、そちらを明示することも意味があると思います。例文を示します。

・例文

『会社には、従業員の皆さんが安全に健康に業務できるように配慮する義務「安全配慮義務」があります。○○さんのアンケート結果や、その後の専門職による面談から、現状、健康に業務を遂行できる状況かどうか改めて判断する必要があると考えています。そこで、会社の産業医との面談を実施したく思います。これは、依頼やお願いではありません。指示命令として理解してください。

もちろん、産業医の判断により通常勤務が継続できるということであれば、勤務継続で問題ないですが、心身の反応が強く、勤務継続が困難と判断された場合、もしくはより詳しい判断が必要となり専門医の受診が必要と判断された場合には、休職に入っていただく、もしくは専門医の受診と診断書の取得をお願いすることになります』

診断書受領のポイント

診断書を受領する際のポイントですが、まず、主治医の立場を考えてみましょう。

主治医というのは、目の前の患者さんと医療契約を結ぶことになります。

当然、費用は患者が持つことになり、医師は患者のために最善の治療を行う義務が生じます。

本人の意向は尊重される

特にメンタルヘルス不調においては、何よりも精神的な負担の軽減が求められます。

職場においては、休務もその手段の1つですし、職場環境や対人関係の調整のための異動なども、本人の治療のみを目的とすれば手段となりえます。

このように、医療契約の中では、最善の治療のために本人の意向は重要視されることになります。

これはもっともなことですよね。

療養に入る場面で考えてみても、本人がそれを望んでいない場合、特に会社から言われて初めて受診して、「会社から言われてきました。仕事ができる状態かどうか、診断書が必要とのことだそうです。ただ、自分は少し頭が痛いぐらいで、何も問題ありません。仕事に影響はまったくありません」と言われてしまえば、「療養が必要」との診断書が出ることはまずないでしょう。

診断書の記載事項

通常、診断書や意見書のフォーマットは、各医療機関で作成しており、統一された書式はありません。

休職開始時に受領する診断書には、「診断名」の場所に「抑うつ状態」「適応障害」といった表記があり、備考欄に「1か月程度の（自宅）療養を要する」などと書かれているケースがほとんどではないでしょうか。

翻って、休職を否定する本人が初めて会った医師に診断書や意見書を求める場合を考えてみます。本人は、休職を避けるために、自分の状況を少し脚色して話すかもしれません。

そうすれば、「頭痛など、ストレス要因による心身の反応は見られるが、療養を必要とするまではない。残業や負荷のかかる勤務から外すことが望ましい」などといった内容で診断書が出てきてもまったく驚きませんね。

休職判断で用いられる意見書とは

では、このような場合には、どう対応すればよいでしょうか。

就業規則などに、病気が疑われる場合の、会社指定の医師の診断、診断書の取得についての記載があれば、連携できる医師もしくは産業医に対して、次のような本人の状況を共有したうえで、「通常の勤務」が可能であるか、診察をしてもらうことが大切です。

・本人の今までの不調の経緯（遅刻欠勤早退などの勤怠面の記録も含む）
・現状の勤務内容と、そこで求められる通常の労務量と現状との差
・会社の休職発令の条件
・会社の規定する復職基準
・会社の規定する、休職中の各種支援内容

提出してもらう意見書のフォーマットについても、会社指定のものを活用することは意味があると考えます。

医師への情報提供、意見書のフォーマット、については、「労務の提供が可能かどうかの医学的根拠が必要」の項で詳しく説明します。

正確な情報を判断しやすい形で収集する

会社指定の診断書フォーマットと、添付資料を合わせることで、医師側としては、本人以外からの客観的な心身の状況と勤務状況を知ることができます。また、会社が現状の業務で求めるレベル

感と現状との差も知ることができます。

さらにこれらの情報があれば、診察場面でも本人の話からだけでなく、必要な情報を収集することが可能になり、より正確な診断書や意見書を受領することが可能になると考えます。

また、会社の休職発令の条件や、択一式になっている様式からも、あいまいな表現は不可となり、受領した情報からの会社側の判断も行いやすくなるでしょう。

ステップ③：休職判断のタスク

「休職判断」のタスクを整理します。

・各種情報から休職が必要かどうかの判断
・休職判断についての「面接」の実施
・休職申請書と診断書等、必要書類の受領

次からはいよいよ休職に入っての対応になります。

ステップ④：「休職者・不調者対応の療養期」

４つ目のステップは「休職者・不調者対応」の「療養期」です。ここからは休職もしくは長期の休務に入った方への対応となります。

休職期間中の療養は、「療養期」「復職準備期」「リワーク期」「復職判断」と進んでいくことになります。

この段階からは、「個別支援」の考え方や資源を積極的に活用していきます。

療養期の目的は、まさに「療養」してエネルギーをためてもらうことです。

メンタルヘルス不調では、療養と服薬が治療の基本となります。

私たちが担当しているような、心理療法・精神療法に関しては、療養とお薬で力が戻ってきて初めて、再発予防などの意味からも重ねていくイメージです。

職場で見られるメンタルヘルス不調

ここで、職場で見られるメンタルヘルス不調について、ストレスや病気について概要をお伝えします。詳細は学術的な他の書籍に譲りますが、担当者として知っておきたい内容を中心に記します。

ストレスとは

「ストレス」という言葉を使うとき、「ストレス要因」と「ストレス反応」と2つの意味合いが含まれています。

例えば、皆さんが山歩きをしていて、突然ヒグマに出会ったとします。みなさんは、どのようなことが頭に思い浮かぶでしょうか、もしくはどのような行動がとれるでしょうか。

私はセルフケア研修の際には、実際の熊の画像を見せて、皆さんから意見をいただいています。

犯罪を取り締まるとある機関のカウンセラー担当として活動していた時期があり、一度その皆さんにおうかがいしたことがあるのですが、そのときお答えいただいた方は「(立ち上がって爪を立てている)熊の前足からの攻撃をしゃがんでよけて、前足の間からアッパーパンチで熊を倒します」とおっしゃっていただきました。

その場は非常に盛り上がりましたが、私がいただきたかった言葉とは少し異なったので、嫌な汗が出た記憶があります。

精神も肉体も鍛えられた方々は、そうではないかもしれませんが、私を含めて多くの方は、その場で立ちすくんだり、固まったりしてしまうのではないでしょうか。ストレス要因を目の前にして、ショックを受けている時期ですね。

ストレスは悪者ではない

ここで言う熊は「ストレス要因」となります。熊に出会って生じる私たちの反応が「ストレス反応」です。皆さんにぜひ頭に入れておいていただきたいのは、「ストレスは悪者ではない」ということです。

態に出会って、固まったり動けなくなる時間、「ショック期」といいますが、この期間は実はそれほど長くないと言われています。

その後、熊から一目散に逃げる、もしくはどうしても戦わなければならず、大きな声を出したり、いつもより強いパンチを打てる時期、「抵抗期」に移行します。ストレスに対処するために、いつもより力を発揮できる時期ですね。ただ、その力は無限ではありません。

やがて力が落ちていく、「疲はい期」に入ってしまいます（図表4参照）。

ストレスは一時的に力を上げてくれる

ストレスは、一時的にせよ、力を上げてくれる要素でもあるのです。職場であれば、部下や後輩に、目標や課題を与えると思います。ストレス要因ですね。学校であれば、宿題も出るでしょう。

現状できるレベルから少し上の課題（ストレス）は、成長を促すことにもなります。

大切なのは、そのストレスにさらされ続けることなく、自らあるいは周りの力を借りて、ストレス要因にうまく対処していくことなのです。

こころを「ゴムまり」と例えれば、外からの刺激から守るために硬い「まり」をつくるのではなく、凹んでも回復できるスポンジのような「まり」のほうが実は強いのかもしれません（図表5参照）。

ストレス反応

うまくストレス対処ができず「疲はい期」までいってしまうと、様々なストレス反応が生じますが、大きく「感情面」「身体面」「行動面」の３つの分野に反応が現れます。

■感情面での変化

「やる気や活気の低下」「不安感」「憂うつな感覚」「イライラ感」「悲しみ」

これらが大きくなると、結果として、気力がなくなってきたり、抑うつ感が強まってくることもあります。

■身体面での変化

「心臓がドキドキする感覚」「発汗」「血圧の上昇」「自律神経の乱れ」

これらが大きくなると、頭痛、肩こり、吐き気、腹痛、など様々な反応に移行することもあります。一般的には、自分の体の弱い部分から現れることがあります。自分や自分の周りの大切な人の不調のサインとして、意識してみてください。

【図表4 ストレス反応】

【図表5 ストレス耐性】

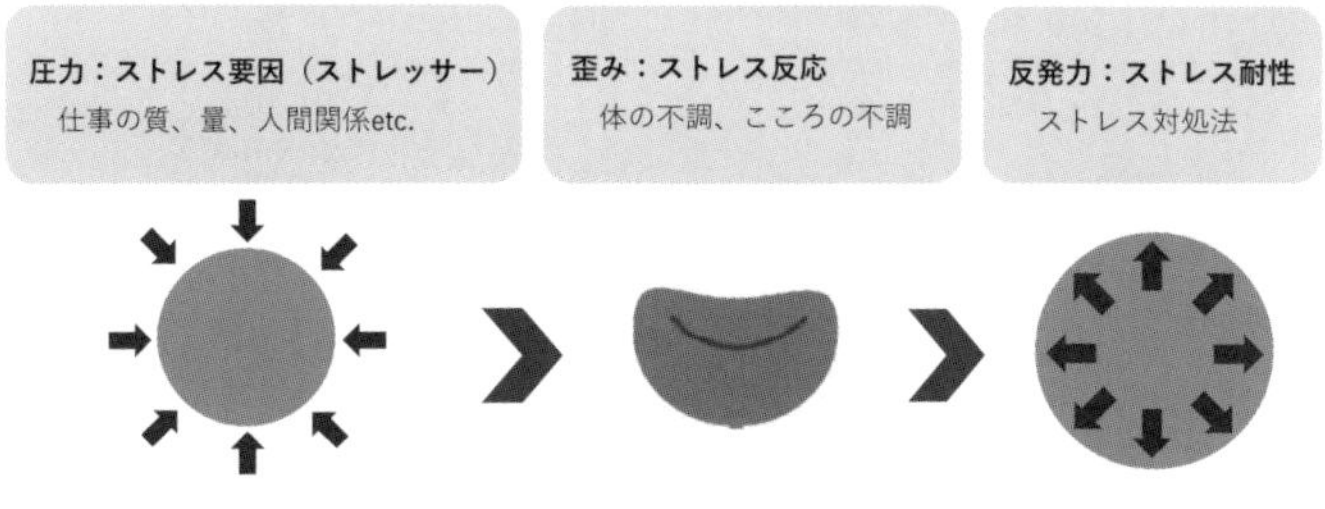

■行動面での変化

「たばこ」「アルコール」「ギャンブル」「退職、不登校」

たばこの害については、すでに一般的に広く知られているところですが、メンタルヘルス不調に関しては、アルコールのお話について、避けて通ることはできません。

「死のトライアングル」という言葉があります。この後お伝えする「うつ病」と「アルコール」が重なりますと、「自死」の確立が上がることがわかっています。うつ病をはじめとした精神科的な疾患とアルコールは結びつきやすいのですが、最悪の結果にもつながりやすいということです。

以前は、少量の飲酒は寿命を延ばすなど、一定のよい影響があると言われていましたが、最新の知見では、少量のアルコールであっても、リスクが高まる病気があるということがわかってきています。

メンタルヘルス不調の際には、アルコールについては「治ってからのお楽しみに」と伝えたいところです（図表6）。

【図表6　各種ストレス反応】

感情・精神的な変化	身体的な変化	行動面での変化
・活気の低下 ・イライラ感 ・不安感 ・ゆううつ感 ・その他	・頭痛 ・腹痛 ・肩こり ・ドキドキ感 ・その他	・アルコール ・タバコ ・ギャンブル ・不登校 ・退職 ・その他

うつ病

うつ病は、代表的な精神疾患の1つです。

職場で最も多く見られるメンタルヘルス不調といってもよいでしょう。1年間の有病率は3～5％という数字があります。１００人程度の会社であれば、年間数名のうつ病患者が出てもおかしくない計算になります。

皆さんの職場でも、30名以上の人数がいる職場であれば、年間1人はうつ病による休職者が出てもおかしくないのです。

うつ病は、脳の機能不全、と捉えられており、特定の部位の機能が低下している状態と理解されています。遺伝的な要因も考えられていますが、会社での人間関係、プライベートの負担など、心理社会的な負担感が複数重なったときに発症しやすいと考えられています。

うつ病では、身体的なものだけでなく、気分的な持続する変調が現れますが、ストレス反応の項で示した様々な反応だけでなく、次のような病気に特有の反応も現れます。

「気づき」「声かけ」「聴く」「つなぐ」をしっかりと履行するためにも、担当者として頭に入れておいてください。

うつ病に特有の症状

①早朝覚醒

朝方4時や5時に目が覚めてしまう状態。目が覚めたときには、仕事のことや上司のことが頭に浮かんで、そのあとなかなか眠れないこともあるかもしれません。

②日内変動

朝や午前中に体調不良が現れやすく、午後から調子がよくなってくる状態。自分の意志でどうこうなるようなものではありません。

③罪悪感や自責感

「休んでしまって申し訳ない」「迷惑をかけている自分はダメな人間だ」といった思いが強く出てくる状態。うつ病になりやすい方（病前性格）は本来的にこのような思いを持ちやすい方と言われていますが、病気として、症状としてこれらが強まってきます。

ふとした会話や会議中の言葉など気を付けてみてください。

④悲観的な思考

自分に対しても将来に対しても、悲観的になってしまう状態。自分が行ってきたことの意味合いを見ることができず、助けがもらえない孤立無援の状態と理解してしまいます。休職中に「辞表を出す」という行為につながるかもしれません。

このような場合は、「病気のなせる業」と理解して、まずは病気の回復を優先させ、脳が正常な判断できるようになってから、改めて決断してもらいましょう。

⑤意欲や興味関心の低下

エネルギーレベルが低下する病気です。自分が好きであったもの、例えば「音楽」「映画鑑賞」「ゲーム」「スポーツ」など、やれないですし、そもそもやりたくない、億劫な感覚です。お休み中だからと言って、「趣味に時間を使ったら」というアドバイスは、病気になりたての影響が強い時期には逆効果の可能性もあります。

まずは、エネルギーを回復してもらうために、お薬を飲んで布団をかぶって寝てもらう、これにつきますね。

⑥食欲・体重の変化

まれに食べ過ぎてしまう方もありますが、多くの方は食欲が落ち、結果として体重も減少します。

１か月程度の間で±３㎏～５㎏の変化は要注意と言ってよいでしょう。

⑦自殺願望

うつ病に特有の症状をお話しする際に、やはり避けて通れないのが「死んでしまいたい」「消えてなくなりたい」という思いが出てきてしまうことです。

自殺された方の、その瞬間の状況を調べた場合、ほとんどの方が精神疾患として何らかの病名が付く状態だと言われています。その中でも最も多くを占めるのがうつ病です。

このような思いは、まさに「病気のなせる業」で出てきていると理解しましょう。「死にたい死にたいという人は死なないから大丈夫」というのは、全くの嘘です。逆に考えてください。このような思いが述べられたときには、ある程度死やその方法に対してイメージができており、それだけリスクが高まっている可能性もあります。

このような場面では、個人のプライバシーよりも本人の安全が優先されます。上司1人で、あるいは人事担当者1人で抱えるのではなく、人事労務はもとより、産業保健スタッフなどすぐに関連する部署と連携し、1人にせずに、一刻も早く専門医につなげるようにしましょう。

双極性障害

うつ病の項でお伝えした「抑うつ気分」「気分の低下」「活力・および活動性の低下」といった「抑うつ状態」と、「気分の高揚」「活力および活動性の増加」「睡眠要求の低下」といった「躁状態」を交互に繰り返す病気です（図表7）。

それぞれの状態は数日から数週間継続します。

躁状態は、急に買い物で多くのお金を使う、とか、夜寝なくても仕事に打ち込める、といったわかりやすい状態のものから、軽微な状態では抑うつ状態に比べて「調子がよい」との感覚で、見落とされがちな場合もあります。

本人が「調子が悪い」と感じるのはやはり「抑うつ」の状態ですので、「躁」状態をうまく主治医に伝えられずに、正確な診断がなされていないケースも散見されます。

職場で「土日にも関わらず、バンバン仕事の電話をかけてくる」「会社で寝泊まりして仕事し始める」「やれもしない企画をどんどん出してくる」などといった状態は、サインになるかもしれません。

双極性障害で気をつけるべきこと

気をつけたいのは、回復期にあらわれる「抑うつ」状態です。

よい状態と認識している「躁」状態とのギャップが大きく、自死のリスクが高まるとも言われています。

また、復職後であっても、一定期間お薬の服用によるコントロールが大切になる場合もあります。

本人自体が、「抑うつ状態」や「躁状態」に移行するサインやきっかけについて理解できているか、服薬のコントロールがしっかりとできているかなど、「双極性障害」との診断名が付いた復職支援に関しては、専門職としっかりと連携をとりながら進めていきたいところです。

【図表７　躁うつ病】

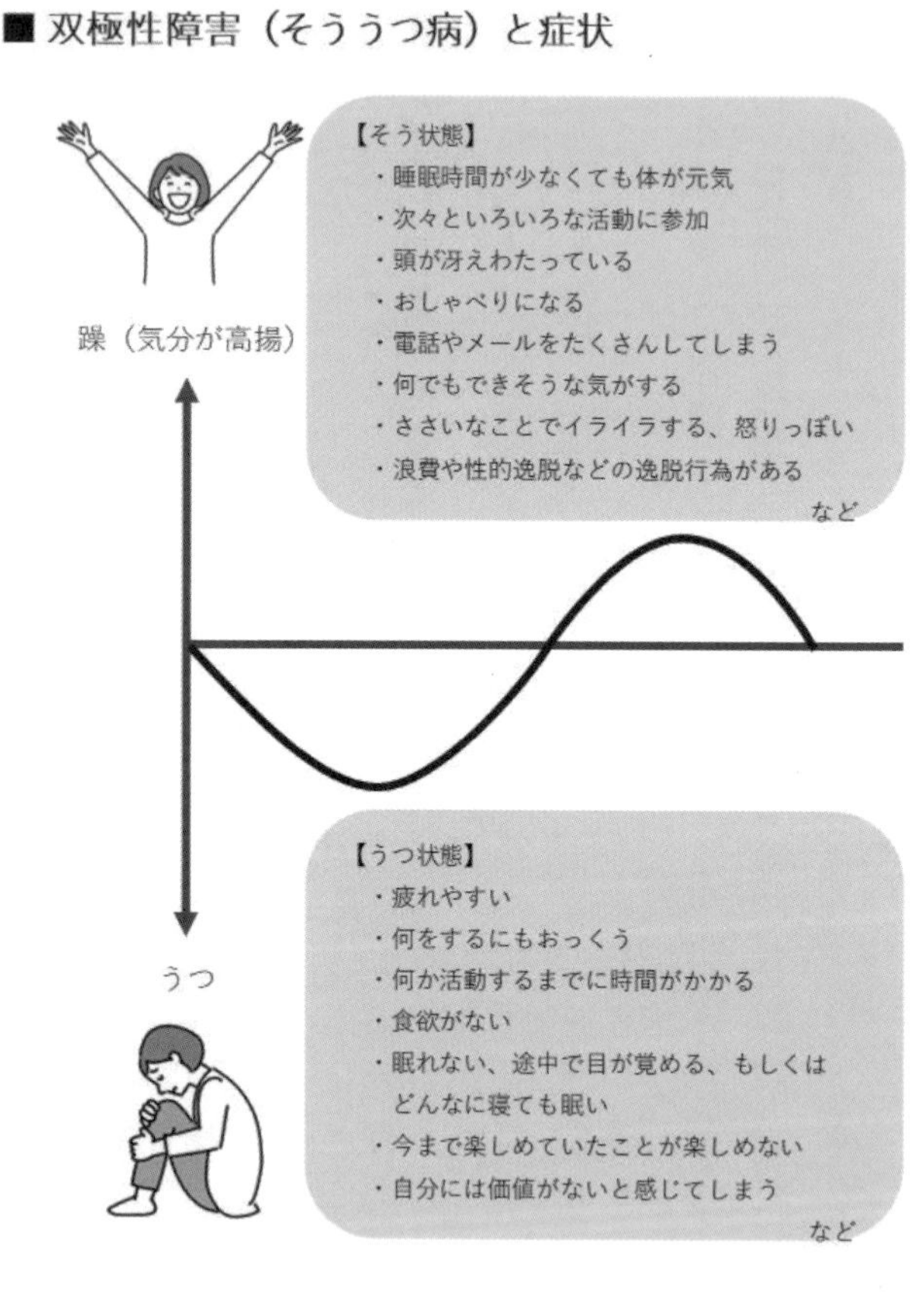

（出所）国立研究開発法人　国立精神・神経医療研究センター病院　HPより　著者編集

不安障害群

不安障害群とは、日常生活に支障が出るほど強い不安や恐怖を感じてしまう症状や病気の総称です。代表的なものを紹介します。

パニック障害

パニック発作を主症状とする病気です。動悸や息苦しさ、めまいや手足の硬直などが、突如現れます。

突然に強い反応が現れるため、「このまま死んでしまうのではないか」といった強い恐怖に襲われます。

一度、この恐怖を感じると、「また同じことが起こってしまうのではないだろうか」と「予期不安」と呼ばれる考えが強くなり、生活範囲が狭まったり、行動が抑制されたりします。

逃げ場所のない、通勤途中の電車の中や、デパ地下などで発作が起きると、その場所を避けるようになることもあります。

パニック発作で死ぬことはないですが、その恐怖や不安から影響は大きい病気です。

社会不安障害

他者から注目されるかもしれない社交場面に関する強い恐怖、または不安があるためにその状況を避ける（あるいは強い苦痛を感じながらも無理に耐える）のが特徴です。

会議やプレゼンテーションの場で、頭が真っ白になったり、全く動けなくなったりすることもありえます。

パニック障害同様、再度の恐怖や緊張を避けるために、特定の場所や場面を避けることで、社会生活へ大きな影響を及ぼすこともあります。

適応障害

その名の通り、環境に対する適応がうまくいかず、様々な心身の反応が出ている状態です。

仕事内容が合わない、上司や部下とのそりが合わない、などストレス要因が明確なケースがこれにあたります。

ストレス要因が明確であるので、その要因から離れることで、心身の反応が比較的早くおさまるケースも見られます。また職場環境や対人関係など、外部の要因との適応の問題ですが、本人側の認知や考え方の特性に特徴があるケースも見られます。

再発防止のためには、ストレス要因を明確にし、環境調整を図ると共に、認知の再構成など、本人側への働きかけも重要になります。

その他

その他、職場で見られるメンタルヘルス不調には、「心的外傷後ストレス障害（ＰＴＳＤ）」「依存症」「身体表現性障害」「ナルコレプシー」などがあります。

改めてお伝えしますが、「診断」については、医師のみが可能な行為です。不十分な知識から、相手にレッテルを張り、不利益を生じさせることは最も避けなければいけません。

違いの中に隠れる病気や症状

前書きでも書きましたが、私はそもそも外航の航海士からキャリアをスタートさせました。

その後ＰＭＯ部門で仕事をしていましたが、その際、初めて部下を持ったときに、その部下が1対1の打合せ場面で、私を目の前にして、こっくりこっくり寝てしまうことがありました。

心理の「し」の字も知らなかった私は、その場面で「馬鹿にされた」「私をこけにしている」と思い込んでしまい、今思うと申し訳ないのですが、大きな声を上げてしまいました。

実はその彼、その後に診断書を持ってきたのです。診断名は「ナルコレプシー」でした。

「ナルコレプシー」は、日中に我慢できないほどの強い眠気や、通常では眠らないような状況での居眠り（睡眠発作）を特徴とする睡眠障害です。

ナルコレプシーは、約1000人に1人が発症するとされています。

明確な原因は未だ解明されていませんが、ストレスによる環境的要因や自己免疫反応などが挙げられています。

何のために病気を知るのか

何が言いたいか。皆さんの周りの部下や後輩でも、「いつもとの違い」が起きている方がありませんか。

あるいは、今までマネジメントしてきた部下とはなんだか様子が異なる人がいませんか。そのような場合は、自分の経験や考えだけで相手を判断せず、病気や症状といった可能性にも目を向けていただきたいのです。

皆さんに、診断名をつけていただきたいわけではありません。いち早く専門家につなげるために、これらの情報を活用して「気づいて」いただきたく思います。

休職者が「療養期」でやるべきこと

療養において大切なことは、「通院・服薬」と「心地よい状態でいる」ということです。

「通院・服薬」は当たり前のことではありますが、エビデンスのある治療や服薬に基づいて、病気を治す行為です。

大切なことですが、「薬が怖い」「薬なしで治したい」「病院はいく必要がない」と通院服薬を拒む場合は、治療が進まないどころか、休職開始時に伝えた「病者としての対応」に反することになります。

服薬の大切さについて不安が大きいような場合は、しっかりと主治医と相談し、不安を解消すること、また、必要に応じてセカンドオピニオンをとることをすすめるなども有効です。

「心地よい状態」の大切さ

「心地よい状態でいる」とはどういうことか。まさに、自分が心地よいと思う環境に身を置くということです。

心理的な負担から離れることは、療養においては最も大切なことの1つになるからです。

例えば「○○であるべきだ」という思考が強い方が休職に入った場合、「休み中であっても会社からの電話には出るべきだ」「迷惑をかけている分、療養中とはいえ自分もできる業務はこなすべきだ」などと、仕事のことを気にしてしっかりと療養できないことがあります。

いわゆる「仕事人間」で、自分や家族を犠牲にして仕事に邁進した結果、うつ病になったような方であれば、多くの方が、「休職に入って、最初の2週間ほどは、仕事のことや、部下や後輩のことが気になって、申し訳なくなって、休んだ気になれなかった」とおっしゃいます。

長い方ですと3週間から1か月ほどこのような思いに苛まれるようです。

しかし、「通院・服薬」を継続して、業務から離れた「心地よい」状況にいることで、ほとんどの方が、3週間から1か月たてば、「そうは言っても、仕事のことが頭から離れ始めた」とお話になります。「○○でなければならない」という小人（こびと）の声に従うのではなく、自分が「心地よい」と思う状況に身を置くこと、眠りたいと思えば眠り、ご飯を食べたいと思えば食事をする、「療養期」では、そんな状況が必要になってきます。

「小人（こびと）の声」

突然ですが、先ほど話題にした「小人の声」について、担当者として休職復職支援を進めるにあたって、役に立つ考え方の1つだと思うのでここでご紹介しておきます。

休職される方に限らず、メンタルヘルス不調に陥る方には、頭の中の小人の声に操られているような方が多いように感じます。小人の声とは何か、といえば、私たちが生きていくうえで、危険を察知し生き延びるために培ってきた能力のことを指します。

例えば、私たちの人生を、たくさんの道の中から自分の目的地に向けて進むトラックであると、自分はその運転手である、と当てはめて考えてみてください。

運転手はあなた自身ですが、トラックの荷台にはたくさんの小人を載せているとイメージしてください。

小人は、目的地に向かって進むトラックの運転手であるあなたに散々叫びます。「右の道は、昨年がけ崩れがあったから危ないぞ」「真ん中の道は、今の時期雨が多くてぬかるんでいるかもしれないぞ」など。

何を基準にハンドルを切るのか

もちろん、この小人の声は、危険を事前に察知し、私たちを生存させるために役に立つものです。人類が長い間培ってきた尊い能力でもあるといえます。

一方、いままで読み進めていただいたあなたはもうおわかりですよね。この小人の声、考え方のくせに似たものだと、私は感じています。

小人の声に従ってハンドルを切り続ければ確かに生き残るかもしれません。行きたい場所にはいち早く着くかもしれません。

ただ、「左に行けば確かに雨が降っているかもしれないけど、今の時期にしか見られない花をしっかりと愛でたいんだ」と思う方もあるでしょう。

あえて時間のかかる道を行き、運転の技術を磨きたいんだ、という人もいるでしょう。

私のまったくの個人的な感想ですが、カウンセリングルームや病院に来られる方の多くは、小人の声に従ってハンドルを切っているように思います。

はじめに書きましたが、私たちは皆、自分が大切にする「価値」を有している、と私は信じています。小人の声に従ってハンドルを切るのか、自分の価値に従ってハンドルを切るのか、大きな違いがありますね。

価値に従ってハンドルを切ることの意味

ここでのポイントは、小人の声は悪いものではないので、無理に変えようとする必要はないということです。

そして、どれだけ声が大きくても、実際にハンドルを握っているのは、自分自身だと認識して、自分の価値を基準にハンドルを切ることです。

小人は、実は「言うだけ番長」なのです。ハンドルを握るのは、まぎれもないあなた自身なのです。

あなたが、あなたの価値をベースにあなた自身を動かしていく、そんな状況から離れたとき、私たちはメンタルヘルス不調に陥ってしまうのではないでしょうか。

不調者と相対して、対応を進めていく中で、本人側の要因を少し俯瞰的に観察する、理解するためにも、「小人」の考えは約に立つのではないでしょうか。

ＡＣＴの休職復職支援での活用

ＡＣＴという手法があります。

「アクセプタンス＆コミットメント・セラピー」の略ですが、小人の話は、ＡＣＴを理解するための比喩として用いられているものです。興味関心ある方は、ぜひＡＣＴを深めてみてください。メンタルヘルス不調者を理解する１つの見方になるかもしれません。

「療養」の進め方

ここからは、職場で多く見られる、うつ病や適応障害を念頭に、具体的な療養の進め方についてお話しさせていただきます（図表８）。

まずは、不調のサインが出てから、治療を経て病気が治るまでの一般的な経過を見てみましょう。

うつ病をはじめとした精神科的な疾患は、多くが脳の機能不全と考えられています。

一般的には、体の症状が出始めて、こころの症状すなわち脳の不調に移行していくと理解するとよいと思います。

脳の不調まで至ってしまった場合には、具体的なストレス対処法ではなく、「療養」が必要にな

【図表８　うつ症状の変化】

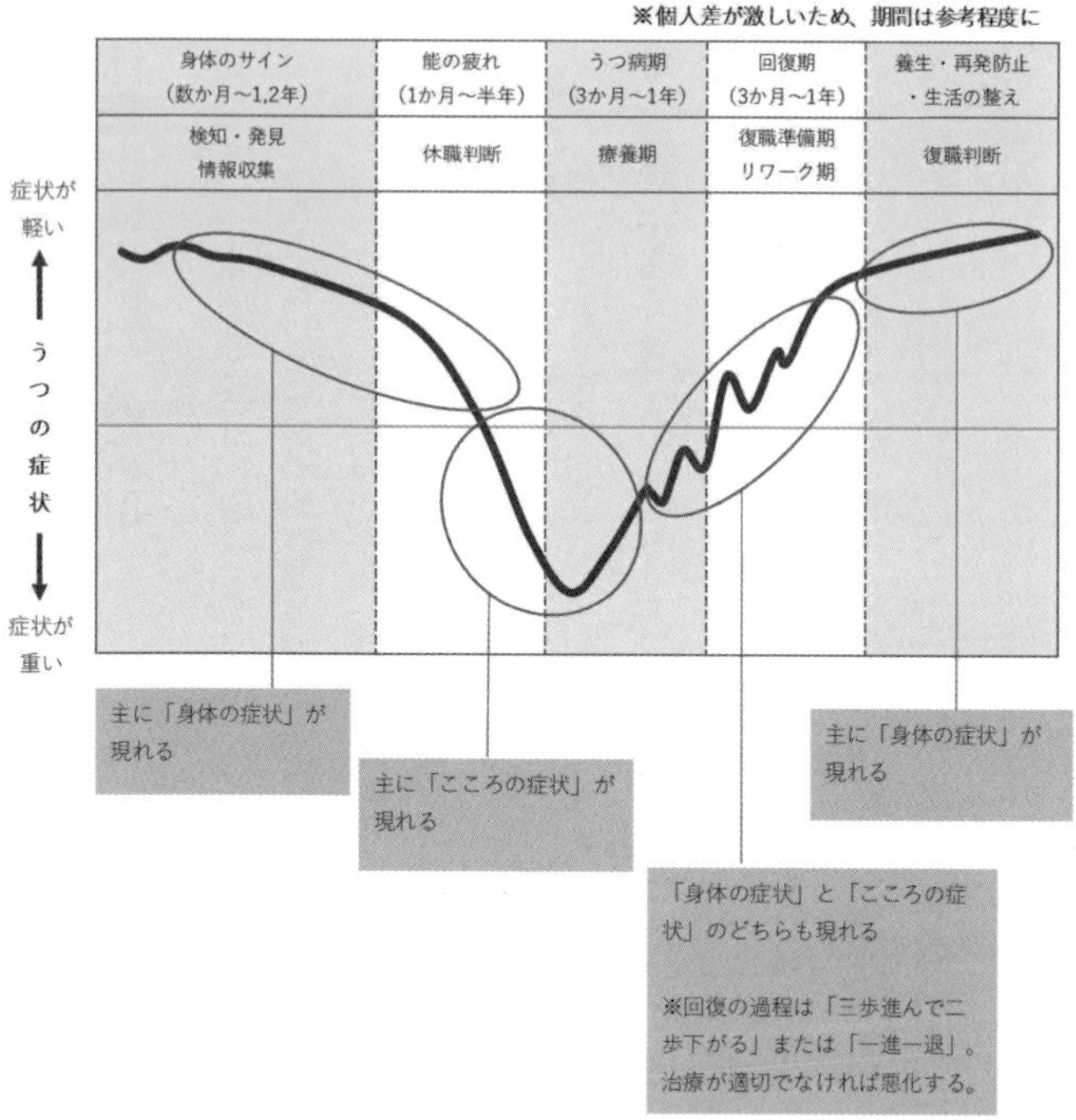
※個人差が激しいため、期間は参考程度に
身体のサイン
（数か月〜1,2年）
能の疲れ
（1か月〜半年）
うつ病期
（3か月〜1年）
回復期
（3か月〜1年）
養生・再発防止
・生活の整え
検知・発見
情報収集
休職判断
療養期
復職準備期
リワーク期
復職判断
症状が軽い
うつの症状
症状が重い
主に「身体の症状」が現れる
主に「こころの症状」が現れる
「身体の症状」と「こころの症状」のどちらも現れる
※回復の過程は「三歩進んで二歩下がる」または「一進一退」。治療が適切でなければ悪化する。
主に「身体の症状」が現れる

るのです。脳を休め、機能の回復を図ることが大切です。

「療養期」初期の対応

何をおいても「休める」ことが大切です。

体を休めることもそうですが、脳を休めることに意識を向けましょう。

そもそもこの時期であれば、「何もしたくない」状態のはずです。まさに脳の負担を下げるために「何もしたくない」「何もできない」のです。

こんなときは「心地よい状態」すなわち、眠りたいだけ眠り、食べたいときに食べ、したいことだけすればよいのです。

薬をうまく活用する

もう1つ大切なのは、受診と服薬です。

「眠りたいだけ眠ればよい」といっても、眠れなくて困っているんだ、という方も多いと思います。眠りを助けてくれるお薬、不安を和らげてくれるお薬、主治医がしっかりと処方してくれるはずです。

服薬に対して不安がある方もいると思います。そんなときには、正直に主治医に話（相談）をするように伝えてあげてください。

医療契約の中でも信頼関係は大切なポイントです。医師側としても、患者側から率直な気持ちや考えを聴くことができるのは、信頼関係を促進し、よい治療につながると思うのです。

また、ここでも外部の心理職が休務中の面談に関わってくれていれば、お薬の不安や、服薬の維持へ貢献できるはずです。

「療養期」中期の対応

療養が進むと、やはり少しずつ動きたくなってきます。エネルギーが貯まってきているのですね。少しずつ、できることを増やしていきたい時期です。

ただ、「○○しなければならない」という考えからの行動は、控えたいところです。特に真面目な方は「体力を戻すために運動しなければならない」「1日でも早く戻るために仕事の資料を読み込み始めないといけない」と思う方もありますが、これはNGです。

やりたいことから始めてよいと思います。

少し外の空気が吸いたくなった、と思えば10分でも天気のいい場面で外出することはよいと思いますし、少しニュース見たくなったと思えばテレビをつければよいと思います。こころや体と相談して、何をしたいか、やれそうなことから少しずつ始めてみる時期です。

「反動」としての疲れを理解する

ただ、久しぶりの活動です、活動後の反動としての「疲れ」はいつも以上に強く感じるはずです。「やっぱりだめなのか」「回復していないな」と感じてしまうこともありますが、仕方ないですよね。場合によっては数週間から数か月ベッドの中が中心の生活だったわけですから。

「できなかった」ことに目が向きがちですが、「外出できたんですね」「テレビ見れたんですね」とやれたことに意識が向くように話をしてあげてください。

ここでも外部の心理職が休務中の面談に関わってくれていれば、やれていることに目を向けること、改善を一緒に感じ喜ぶこと、貢献してくれるはずです。

「療養期」後期の対応

やれることが少しずつ増えてきました。

週に１回外出できればよかったのが、週に複数回外出できたりしている状態でしょうか。

ここまできたら、やれることを増やし、生活リズムの安定を意識してもよいと思います。

朝起きる時間を一定にしたり、軽い散歩を日課にしてみたり、いつものラーメン屋さんで食事したり、好きな映画を観に行ったり、また、掃除や洗濯、洗い物など、できる範囲での家事のお手伝いも、リズムづくりにはよいと思います。

回復は波のようなものです。よくなったと思えば悪くなる日もあります。

大切なのは、服薬を継続しながら、外部心理職等の支援を受け、できたことに意識的に目を向けて、自分が戻りたい姿、新たになりたい姿に向けて歩みを進めていくことです。

助けてくれる人、主治医、外部心理職、家族、知人友人などの助けを借りながら、一歩一歩進んで行きたいところです。

「状況確認シート」の活用

休職期間（復職後フォローも含む）を通じて「状況確認シート」の提出を求めることは、「仕組みづくり」「個別支援」の両面からも、休職復職支援で最も大切な要素の1つです。

週に1回、外部心理職の面談とは別に「状況確認シート」を本人から提出してもらいましょう。

ここでは「状況確認シート」の具体例を示してみたいと思います。

・現在の状況の概要 - 要チェック

□『家族による代理記入（以下の記入は必要なし）』…療養中であり、報告書の記載などは難しく、家族による代理で報告します

□『本人による記入（以下の記入は必要なし）』…療養に専念していますが、以下の報告ができる状態ではありません
□『本人による記入』…療養に専念しています。現状について以下報告させていただきます
□『本人による記入』…復職準備を行っています。現状について以下報告させていただきます

・現在の状況に関して記入

『療養・復職準備の状況に関して以下報告します。先週の報告内容との変化があれば記入すること』

（サンプル：週の内、ほとんどは横になって過ごしていますが、昨日久しぶりに、近くのコンビニまで買いものに行きました）

・前回報告時からの回復・改善点

・職場復帰について・要チェック

□心身面の回復状況から、職場復帰に関しては、まだ考えられない
□心身面の回復は感じられるが、職場復帰に関しては自信がなく、まだ考えられない
□心身面の回復は感じられ、具体的に職場復帰をイメージしている
□その他（　　　　　　　　　　　　　　　　）

・職場復帰をイメージできている場合、その理由について

（サンプル：毎日朝、30分ほど歩けるようになった。生活リズムも朝起きて23時までには眠れて

いる。薬は飲んでいるが日中の眠気は少なく、昼寝もしていない。図書館で過ごすこともできるようになってきた）

・職場復帰に関する、外部心理職、主治医の意見

・「復職準備期」への移行を希望しますか・要チェック

□復職準備期への移行を希望します

・前回報告が提出できなかった場合はその理由について

・不調以前の求められる通常勤務が履行できていた際の心身の状況を１００とした際の自己評価

「状況確認シート」活用のメリット

状況確認シートの活用には、次のようなメリットが考えられます。

■本人側

・自分の状況を自分で把握し、振り返ることができる

・できている面、改善している面を認識できる

・職場復帰に向けて、主体的に自分の責任で動き、自分の責任で情報を共有することができる

・よい意味での会社とのつながりを感じられる

■会社側

・最低限の情報を、労力をかけずに収集できる（専用システムを利用するとよい）
・休職者の自発的な回復や復職に向けての意識を醸成することができる
・組織からの「目」を意識させることができる
・時系列で本人の状況を把握、記録でき、不調のサインの発見など、復帰後の再発予防のヒントとなる

※週1回の提出管理が難しい場合は、実情に応じて期間を検討してください。

「生活リズムチェック表」の活用

「状況確認シート」に加えて、「生活リズムチェック表」も可能であれば記録してもらいましょう。毎日の記録になるので、専用のシステムなどを活用しないとハードルは高いかもしれませんが、得られる情報は休職復職期間を通じて、判断の際に役立つとても貴重なものとなります。

また、人によっては復職後も自分の生活リズムを安定させ、柔らかい思考をつくり出すためにも記録を継続される方もいらっしゃいます。うまく活用してもらいましょう。ただし、本人の負担になることを避けるためにも、実施の時期は検討してください。

記載すべき事項は、次のような項目になります。図表9を参考に活用してみてください。

【図表９　生活リズムチェック表】

生活リズムチェック表　　　　氏名【　　　　】

日付	曜日	睡眠・外出等の記録																								睡眠	食事			気分		メモ
		0	1	2	3	4	5	6	7	8	9	10	11	12	13	14	15	16	17	18	19	20	21	22	23	計	朝	昼	夕	AM	PM	
／	月																															
／	火																															
／	水																															
／	木																															
／	金																															
／	土																															
／	日																															

2008.04 ㈱ヒューマン・タッチ

・日時
・睡眠、外出の記録
・食事の有無
・気分（感情）

「0」を最低の値、「100」を最もよい値として午前と午後で記入してもらいます。数字が低かった場面は、すなわち自分を苦しめる感情が大きく出た可能性があります。裏側で思考のくせが悪さしているかもしれません。

・メモ

最も低い気分や感情の場面をできるだけ細かく、「いつ」「どこで」「誰が」「何をしたとき」という形式で書き込んでもらいます。「思考のくせ」を明確化し、柔らかい考えをつくり出す練習となります。

「生活リズムチェック表」記載の注意点

先ほどお伝えしたように、図表9の「生活リズムチェック表」の記載は、メリットが大きいですが、次の点に注意して記録してもらいましょう。

・ステップによって記入の負担感が異なる

特に療養期入りたての時期には、記載自体が負担になるケースもあります。休職者の心身の状況を確認しながら案内しましょう。

・「書かなければならない」との思いから、書くことを目的にしてしまうケースがある

完璧主義の強い方などは、「書かねばならない」との意識が強く働きすぎ、書くことを目的にしがちです。

・目的は「生活リズムの安定」のための振り返り・情報収集

事細かに書きすぎてしまう方には、箇略化して書くこと、時には書かないこと、なども柔らかい考えを出すうえで役に立つこともあります。柔軟な運用を心がけてください。

「療養期」から「復職準備期」への移行

状況確認シート、外部心理職との定例面談報告書、生活リズムチェック表、などから条件が整えば、「療養期」から「復職準備期」に移行となります。

次に示す条件をすべて満たした場合、「復職準備期」への移行を許可することは、企業の安全配慮義務の視点からも、「仕組みづくり」「個別支援」の考え方からも意味があると考えます。

・休職に至った各種心身の反応が回復し、一定程度安定していること

・本人が復職について意識、イメージできるようになっていること

・前項のイメージが、外部心理職や主治医の見解と、相違ないこと
・少なくとも、午前中に起床し、昼寝することなく、外出を含めて主体的に1日を過ごし、しっかりと眠れるようになっていること。服薬を継続しながらも、眠りや食事の生活リズムが安定していること。
・十分な休職期間の残りがあること

ステップ④：「療養期対応」

「休職者・不調者対応（療養期）」のタスクを整理します。

・各種貸与物の返還等の案内、休職中のしおりの発行
・「状況確認シート」の提出管理
・「生活リズムチェック表」の提出管理
・ステップ⑤「復職準備期」への移行判断

ステップ⑤：「休職者・不調者対応の復職準備期」

5つ目のステップは「休職者・不調者対応」の「復職準備期」です。

「療養期」にて復職のイメージができ、症状の回復も生活リズムも一定程度安定してきているこ

とが確認されたとき、「復職準備期」にて、復職に向けた具体的な練習を開始していきます。

最も丁寧な休職復職支援を行いたい場合は、ステップ⑤と共に、この後ご説明する、ステップ⑥「休職者・不調者対応」―「リワーク期」を共に実施いただきたく思います。

ただし、必ずしも⑤と⑥のステップを共に実施できないケースもあると思います。

その場合は、⑤だけ、もしくは⑥だけの実施であっても大丈夫です。

「復職準備期」では、毎週の「状況確認シート」の提出は継続しつつも、より復帰に向けた準備を実施し、確認するための「復職準備状況確認シート」を活用していきます。

「復職準備期」の具体的対応

復職準備期では、「復職の準備」を進める期間とお伝えしました。復職の準備と一言に行っても、休職者からすれば何をすればよいのか、よくわからないかもしれません。

主治医が積極的に指導してくれればよいですが、残念ながら服薬の調整を中心とした診察内容以上に求めるのは難しい場合もあります。

そこで、会社側が求める復職者のレベルを細かく記した「復職準備状況確認シート」を用いていきます。「復職準備期」までの回復が見られる方であれば、復職の細かな基準や、現状の把握と振り返りなどの作業も、対応できる状態と判断してよいと考えます。復職判断に向けて、具体的な準備を進めると同時に、自身の状況確認を進める時期、と理解してください。

誰が復職準備を支援するのか

ここで、「復職準備状況は詳しく確認できても、その取組みについては、だれが支援を担うのだろうか？　本人だけに任せていいのだろうか？」という疑問が湧いたあなた、すでに休職復職支援の第一歩を踏み出している証拠です。

「仕組みづくり」の考え方を前面に出せば、私傷病からの回復は個人の責任であり、そこは自分で何とかしてください、となります。この場合、主治医と相談しながら、あるいは自らリワーク機関を調べて復職の準備を進めていくことになります。

しかしながら、実際問題、例えば、主治医がこのシート内容を確認し、１つひとつクリアするための時間を、数分間の診察の中でつくり出すことは難しいと考えます。

特に、思考のくせについては、それを柔らかくする、あるいはそこに囚われずに行動することができるようになるには、専門家の力がどうしても必要になると考えます。

産業医もしくは、社内に保健師などの産業保健スタッフが常駐している場合には、支援をお願いできるかもしれませんが、こちらも実際的には「範囲外」「本来業務が忙しい」といった理由で、休職中の対応までは不可なケースが多いのではないでしょうか。

外部心理職の活用

ここで大切になるのが「個別支援」の考え方を組み合わせるということです。「仕組みづくり」に、柔軟な「個別支援」を組み合わせることで、会社にも休職者にも意味のある対応が可能になります。「個別支援」の担い手としては、具体的には、外部の心理職の活用をぜひ、検討してみてください。

休務開始後、同じ心理職が最低でも月1回の面談を重ねていくのです。

産業分野に精通した心理職であれば、療養中は、症状や病気に応じた療養のアドバイスが可能です。また、面談を重ねる中で、本人側の不調の要因にも気づくことができるでしょう。

復職に向けての意志の確認や、客観的な状況の把握も可能になり、復職準備期への移行判断についても、適切な情報が集まり、人事労務側の負担を大きく軽減することができます。

復職準備期に移行した後も、「認知面での課題」「体力面での課題」「コミュニケーション面での課題」などを明確化して、一緒に課題解決に向けて面談を進めていくことが可能です。

もちろん、個人と治療契約を結んだ毎週のカウンセリングとは意味合いが異なりますが、月1回程度の面談であっても、課題の明確化と直面化、その解決に向けての実験の提案と結果フィードバックからの検証まで、ある程度可能と考えています。

同一の外部心理職が対応していくことに、やはり意味があるのだと感じます。

思考のくせの明確化

少しわかりづらかったかもしれません。例えば、「自分は嫌われているに違いない。何をやってもうまくいかない」という思考のくせが強い人（仕事一筋さん）がいたとします。「自分には人から認められる価値がない」という信念があるのかもしれません。療養期を経て、心身の状況が落ち着いてきたとしても、本人はこのような思考のくせにはまだ気づいていない可能性があります。

どうして不調になったのですか？　という質問をしてみてください。「いや、なんとなく、仕事も忙しく、急に体調が悪くなりました」というお答えであれば、自分を苦しめる思考のくせにはまだ、たどり着いていないかもしれません。

ストレスフルな場面では、自分を苦しめる感情が強く出てきているはずです。「悲しい」「辛い」「怖い」「不安だ」「情けない」「怒り」など。思考のくせは、このような自分を苦しめる側の感情が強く出てきている場面の裏側で、悪さをしていることが多くあります。

認知行動療法とは

うつ病などからの回復に、効果があるとされるエビデンスのある心理療法の中に、「認知行動療法」という考え方があります。こちらも詳細は学術的な書籍をご覧いただきたいですが、担当者として知っておくべき内容を記します。

ここまで述べてきた個別支援の内容は、実は認知行動療法をベースとした考え方ばかりです。改めてここで整理してみますが、私たちの「感情」は、何もないところからむくむくと、沸き上がってくるわけではないと考えます。一定の「状況」が「認知・思考」を生み、それが「感情」をつくり出すと考えます。「感情」は「身体反応」や「行動」にも影響を与えます（図表10）。

認知行動療法では、この考え方をベースに、結果としての「感情」や「身体反応」、また「行動」をより適応的なものに変化させていくことを目指しています。

病気の方でなくても、特有の「認知・思考」は自分を苦しめる強い「感情」を生み、それがまた「身体反応」を生み出し「行動」にも影響を与えることは多くあります。

自分の「くせ」を明確化する

まずは、自分のくせを明確にしないといけませんね。

仕事一筋さんが自分の思考や認知のくせに気づいていないとすれば、どうすればよいでしょうか。

最も感情が沸き上がった場面を想定する

例えば、この1か月間の中で、「最も自分を苦しめる場面」を想起してもらいます。この場面の裏側では、「くせ」が悪さをしていることが多いからです。

私たちが最もよく感じることができるものが「感情」なので、まずは「感情」とその感情を生んだ「思考・認知」を書き出してもらいます。

この「思考・認知」には「くせ」が含まれている可能性が高いので、これらの作業を繰り返していくうちに、共通する「くせ」が見えてくるのです。

悪いグルグル、をよいグルグルに変える

図表11を見てください。先ほどの仕事一筋さんの「思考・認知」「感情」「行動」「身体」を、ある状況場面を想定して分析してみました。

- 「状況」…窓口で、「おはようございます」と利用者にあいさつしたのに、返事がない
- 「思考・認知」…自分は嫌われているのではないか
- 「感情」…「悲しい」「情けない」
- 「行動」…窓口業務を避けようとする
- 「身体」…息苦しさ、動悸

特定の状況が、癖のある思考から自分を苦しめる感情を生み、身体反応や行動で自分自身に不利益となる結果になっていますね。まさに悪いグルグルです。

この悪いグルグルを断ち切り、よいグルグルに変換していくことが、認知行動療法での目的になります。

では、よいグルグルに変化させるためには、5つの中から、どれを変化させるのがよいでしょうか？

図表11には、仕事一筋さんと共に、柔らかく考えることができる同僚のAさんも、同じ状況でどのような結果になったか分析しています。

・「状況」…窓口で、「おはようございます」と利用者にあいさつしたのに、返事がない
・「思考・認知」…朝一番に来た人で、一番に処理したく、急いでいて挨拶どころじゃないんだな
・「感情」…「相手に気を遣う」
・「行動」…迅速に処理するために、丁寧に相手の話を聴いてみる
・「身体」…特になし

どうでしょうか。Aさんの場合、仕事一筋さんと大きく異なるのは、特定の「状況」を目の前にして、柔らかく考えていることですね。「思考・認知」が大きく異なっています。「思考や認知」を少し変えること、置き換えることで、結果としての「感情」「行動」「身体」は180度変化してくるのです。

まずは、「状況」「思考・認知」「感情」「行動」「身体」の関係性を理解しましょう。特定の「感情」

【図表 10 認知の仕組み】

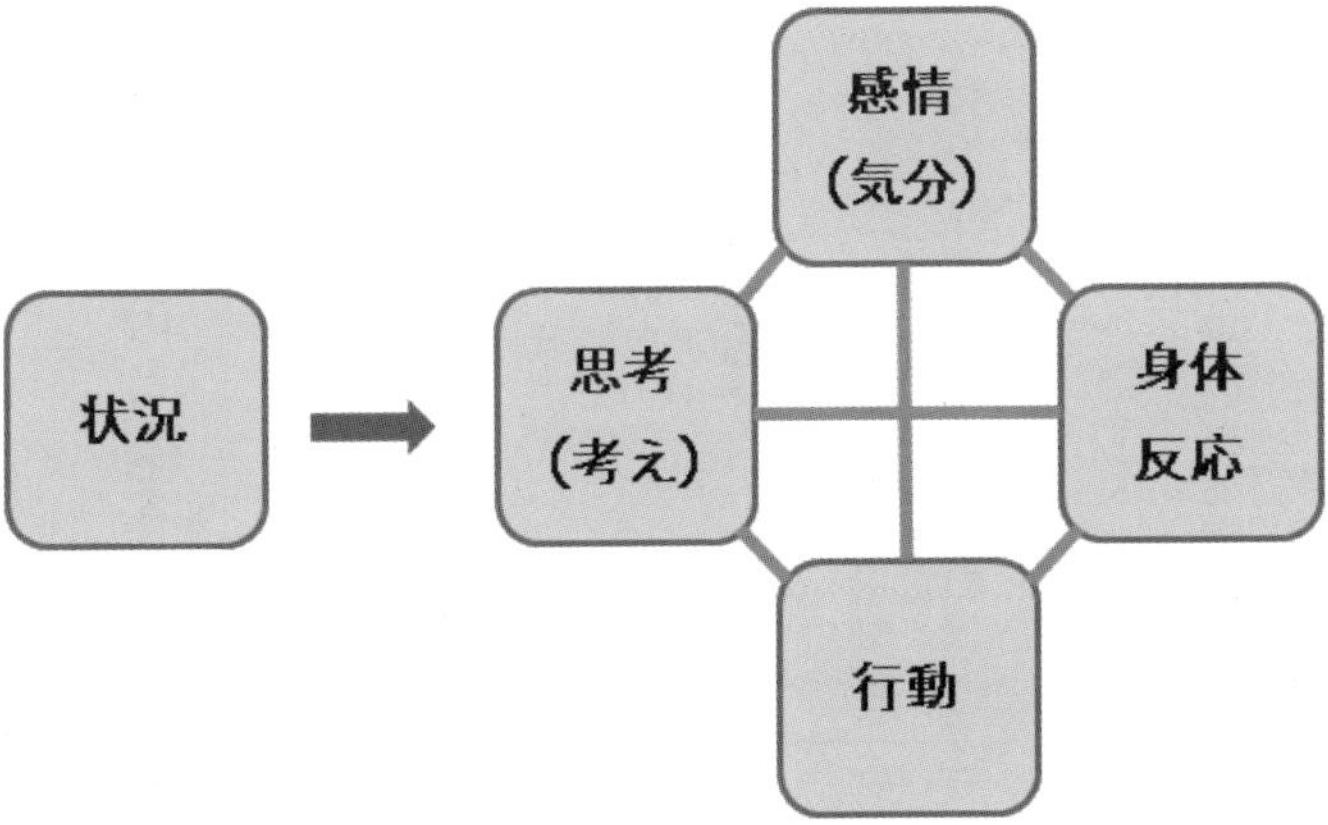

【図表 11 柔らかい考え方】

ある状況下での思考・感情・行動・体の様子を見ると…

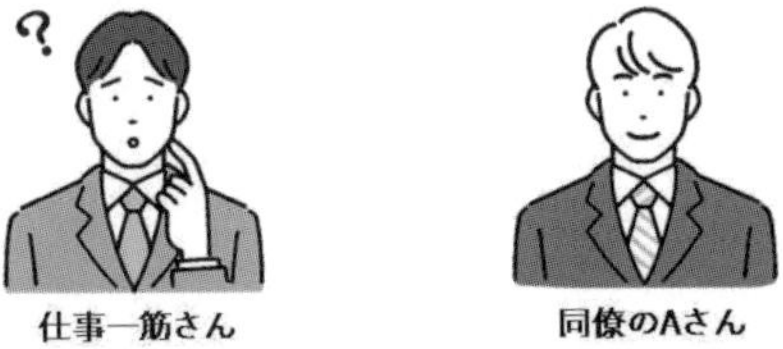

	仕事一筋さん	同僚のAさん
状況	窓口で、「おはようございます」と利用者にあいさつしたのに、返事がない	
思考	自分は嫌われているのではないか	急いでいてそれどころじゃないんだな
感情	悲しい、情けない	気を遣う
行動	窓口業務を避ける	丁寧に相手の話を聴いてみる
身体	息苦しい、動悸	特になし

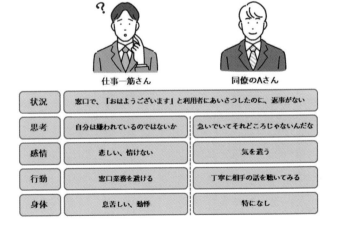

や「身体」「行動」は、「状況」「思考・認知」に大きく影響を受けていることがわかりますね。

変えにくいものと変えやすいもの

大切なのは、「変えにくいものと変えやすいものがあるのであれば、変えやすいものを変えていく」ことです。５つの要素の中で変えにくいもの、何でしょうか？

「状況」「感情」「身体」になります。反応として出てくるものを変えるのはやはり難しいです。では、変えやすいものは何でしょうか？　残りの「思考・認知」と「行動」ですね。認知行動療法では、この２つに働きかけていくのです。

「くせ」を変える？

そうは言っても、私たちは、何年、何十年とかかってその「くせ」をつくり出してきています。簡単に治せるようなものであれば、そもそも「くせ」ではないですよね。どのように働きかけていけばよいのでしょうか。

実は、私たちは、「くせ」は変わらないもの、なくならないもの、と捉えています。

大切なのは、くせのある考えが出てきたときに、「くせが悪さをしているな」と認識することができるようになり、その上にかぶせる「柔らかい考え」をつくり出し、より適応的な結果を生み出すことなのです。

「くせ」は変わらない、変えようとしない

具体的には、どのようにしたら柔らかい考えがすぐに思い浮かぶようになるのでしょうか。

これに関しては、練習あるのみです。心理療法で練習、と言われると少し面食らうかもしれませんが、５つの要素の関連を理解し、自分のくせが明確化できれば、あとは、くせが悪さしている場面場面で、柔らかい考えを都度、つくっていくのです。

もちろん、最初の練習は、落ち着いた場所で落ち着いた時間で行います。感情が上がったその瞬間でなくても大丈夫です。

5つのコラム法

過去1か月の間で最も感情が沸き上がった場面を、図表12のように整理します。図表12は、「5つのコラム法」と呼ばれる、柔らかい考え方をつくり出す手法の1つです。

「感情」と「状況」をまずは書き出します。そして、自分を苦しめる感情をつくり出した、「くせ」の含まれている「思考・認知」を明確にします。「感情」については、１００を最大として、どれぐらいのレベル感であったか、記入していきましょう。

その上で、この「くせ」の含まれている固い考え(自動思考)に対して、「柔らかい考え(適応的思考)」を自らつくり出していくのです。結果、自分の苦しめる「感情」がどのレベルまで変化したか、こちらも数値で評価してみてください。

感情が自分にとって心地よい方向に変化したのであれば、「柔らかい行動」に一歩踏み出すことができるはずです。「柔らかい行動」は、家庭生活で、あるいは、職場にて自分にメリットをもたらすでしょう。そうすれば、「学習効果」として、「柔らかい考え」が身についていくのです。

「柔らかい考え」のつくり方

柔らかい考えをつくり出す際のヒントを、いくつかお示しします。

①何か見逃している事実はないだろうか
②友人が同じ自動思考をもって悩んでいたら、自分はどのように友人に声をかけてあげるだろうか
③自分のこころも体も元気なときであれば、違った考え方をしていないだろうか
④自分の力だけではどうしようもないことについて、自分ばかり責めていないだろうか
⑤事実と考えを混同していないだろうか
⑥決めつけるような言葉を使っていないだろうか「いつも」「絶対」「必ず」「ねばならない」
⑦自分の欠点ばかりでなく、長所にもきちんと目を向けているだろうか

【図表12 5つのコラム法】

事実（出来事、状況）
窓口で「おはようございます」と挨拶したのに返事がない

気分（感情）
① なさけなさ（80）
② みじめ感（70）

自動思考（固い考え）
① 2年も働いているのにまだ自分は利用者の方に認められていない
② 同期に比べて出来ていない自分は、能力が劣っているに違いない

適応的思考（柔らかい考え）
① 自分のことを認めていないわけではなく、初対面で緊張しているのだろう
② 急いで対応してほしくて挨拶どころではなく、書類を探しているだけかもしれない

こころの変化
① なさけなさ（40）
② みじめ感（30）

⑧極端な考え方になっていないだろうか

立場を変えてみる

ある患者さんは、「立場を変えてみる」とおっしゃっていました。具体的には「豊臣秀吉だったら、この場面でどう考えどう動くか」と考えてみるそうです。

また、ある人は「自分の尊敬する上司のことを思い浮かべます」とお話しされていました。立場を変えてみると、意外と異なる視点からの考えが出てくるものなのかもしれませんね。

あるいは、自分自身が全く同じような相談を、仲のよい部下や後輩から相談されたとしたら、と考えてみるのもよいかもしれません。自分の囚われから離れて、考えてみる練習ですね。

主観ではなく、客観を優位にしてみる

自分が見逃している事実、見えていない部分、がないか改めて振り返ってみてください。「くせ」が悪さしている場合は見逃された事実が多いことに気づく方もいるようです。

「パーン」と癖のある考えが沸き上がってきたとしても、「あっ、くせが悪さしているな」とひと呼吸おいて、柔らかい考えを出し続けてみてください。

落ち着いたときに出せたいくつかの柔らかい考えは、スマホにメモするように伝えたりしていま

す。どうしても、忘れてしまうのですね。

「復職準備状況確認シート」

復職準備期の対応に話を戻します。お伝えしてきたように、「個別支援」の実施について、外部心理職を含めて対応をしていく際、その評価を「復職準備状況確認シート」で共有していきます。「状況確認シート」と合わせて1つのシートにしてみてもいいでしょう。

「復職準備状況確認シート」で必要な項目、その評価について、次にお示しします。

記入者の負担を下げるため、できる限り簡易に作成することが望ましいと思います。ここでは、選択肢を設け、それにチェックをしてもらう形式を想定しています（引用：『健康管理は従業員にまかせなさい』著・高尾総司、前園健司、森悠太　保健文化社　2014年）。

※ここでは①～④どれかに丸をつけてもらうことを想定しています。

■基本的な生活状況

・起床時間

①予定した時刻に起きられないことが、週に2回以上ある

②始業時刻に間に合うように起きられないことが、週1～2回程度ある

③就業規則に定められた始業時間に間に合うように自分で決めた起床時刻通りに起きることができる

・生活リズムおよび必要性の理解

①起床・就寝時刻、食事時刻・回数等の生活リズムが安定しない状態である

②生活リズムは規則的とまでは言えないが、自分なりの生活リズムなので特に問題としては捉えていない

③安定継続的な就業を実現するうえで生活リズムが重要であることを理解し、規則正しい生活を心がけ、実践できている

・戸外での活動、体力

①毎日2時間ぐらいは外出することができる

②毎日半日ぐらいは外出することができる

③毎日朝から夕方まで外出し、行動することができる、換言すれば毎日問題なく1日8時間の労務提供を行うに足る体力がある

■基本的な症状

・心身の症状による日常生活への支障

①イライラ、やる気のなさ、頭痛、疲労感等により日常生活に支障が出ることがある
②イライラ、やる気のなさ、頭痛、疲労感等が時に見られるが、日常生活への支障はない
③イライラ、やる気のなさ、頭痛、疲労感等はなく、就業に支障を来すような症状はない

・睡眠、眠気
①日中、頻繁に眠気や疲労感があり、ごくまれにであれ昼寝を要することがある
②日中、眠気はあるが、日常生活への影響は少ない
③日中、眠気はなく、またあったとしても就業に支障を来すようなことはない自信がある

・興味、関心
①もともと興味・関心があったことの全部ではないが、一部に興味・関心を持っている
②もともと興味・関心があったことに、ほぼ興味・関心を持つか、それ以外の事柄に興味・関心を持っている
③もともと興味・関心があったことに加えて、それ以外の事柄にも興味・関心を持っている

・社会性、他人（近所の人や知人）との交流
①話しかけられれば返事をするが、自分から話しかけることはない
②自分から話しかけるが、相手は既に知っている人に限られる
③初対面の人でも、必要なときは自分から話しかけることができる

・再発防止への心構え
①再発防止について自発的に考えることはないが、主治医や家族と話してアドバイスは受け入れる
②再発防止について自発的に考え、主治医や家族とよく話してアドバイスも受け入れる。自己判断で薬を中断することもない
③再発防止について自分の性格や仕事のやり方を振り返り、具体的な対策を主治医や家族と積極的に話し合っている

・悲観的な考え
①死にたい気持ちがあり、自殺について具体的に考えることがある
②普段は死にたいと思わないが、頭のすみに自殺についての考えが残っている
③死は解決にならないので自殺について考えることはなく、今後そんな考えが浮かんだら速やかに専門家に相談する

■仕事に関すること

・職場人間関係への準備、対人交流
①上司や同僚に話しかけられれば返事はできるが、自ら話しかけることに抵抗がある
②上司や同僚に自ら話しかけることはできるが、相手は特定の人に限られる

③上司や同僚の「誰に対しても」、対面・非対面のコンタクトに抵抗はなく、仕事の話に齟齬を来すことがないように努める

・業務への準備

①仕事に戻るため、体力づくりや通勤練習をしているが、業務遂行に関する準備は具体的にしていない

②仕事に戻るため、業務に関する情報収集や、作業能力向上のための具体的な準備をしている

③仕事に戻るための業務に関する情報や作業能力の準備が完了し、体力面もふくめ、すぐにでも仕事が開始できる

・集中力

①物事に対して、集中力低下や途切れがあり、最後までやり遂げることができない

②物事に対して、集中力低下や途切れはあるが、最後まで行うことができる

③物事に対して、集中力低下や途切れはなく、継続して最後まで行うことができる

・会社に外部からかかってきた電話への対応

①誰からかかってきたかわからないので、取ることができないと思う

②なるべく取りたくないが、誰もでなかったらしぶしぶ出ると思う

③3回程度のコールで自然に取ることができる自信がある

・役割行動
①自分の役割の認識が難しく、同僚や上司の指摘・助言・指導があっても、何をしたらよいのかわからないかもしれない
②自分の役割は認識でき、同僚や上司の指摘・助言・指導があれば、必要な行動がとれる
③自分の役割を自ら適切に認識でき、自発的にそれに応じた行動がとれる
・対処行動
①問題が発生したときに自分だけで対応できず、上司や同僚に助言・指導を求めることもできず、問題解決できない
②問題が発生したとき、上司や同僚に助言・指導を求めることはできるが、問題を解決することができないことがある
③問題が発生したときに自己努力をした上で、上司や同僚に助言・指導を求め、問題を解決することができる自信がある
・適切な自己主張
①依頼されたことに対して、自分の考えや気持ちは表現できないが断ることはできる
②依頼されたことに対して、自発的に自分の考えや気持ちは表現できるが、相手との関係性を考慮できない

③依頼されたことに対して、相手との関係性を損なうことなく、自発的に自分の考えや気持ちを表現しながら断ることができる

・不快な行為に対する対処（社外の人間からの行為を含む）

①自分に対して不快な行為をされなくても、攻撃的な自己主張、強い非難、長々と話すなどの行為をしてしまう

②自分が不快な行為を受けなければ、攻撃的な自己主張、強い非難、長々と話すなど、相手に不快なことはしない

③自分が不快な行為を受けても、攻撃的な自己主張、強い非難、長々と話すなど、相手に不快なことはしない自信がある

・注意や指摘への反応

①上司や同僚からの注意や指摘を理解できるが、内省も行動変容もできない

②上司や同僚からの注意や指摘を理解して内省できるが、行動変容まではできない

③上司や同僚からの注意や指摘を理解して内省し、行動変容ができる

・業務遂行力

①以前の仕事に戻るとして、会社から求められる水準の６割程度は達成できると思う

②以前の仕事に戻るとして、会社から求められる水準の８割程度は達成できると思う

③以前の仕事に戻り、会社から求められる水準を達成できる

■自己管理のこと

・会社や職場への感情のコントロール（この項目は「事実」の有無ではなく、本人の認識を問う）
①「職場や会社のせい」という思いがあり、思い出すと時々気持ちが不安定になる
②「職場や会社のせい」という思いがあったとしても、他人の意見を聞いたりして自分を振返ることができる
③「職場や会社のせい」という思いはないか、あったとしても自分で自分を振返り気持ちを安定することができる
④「職場や会社のせい」という思いはない

・ルールや秩序の遵守、協調性
①調子が悪いときに、遅刻をしたり、会社ルール、仕事の約束を守れず迷惑をかける事は、病気なら仕方がないと思う
②今後は遅刻をしたり、会社ルール、仕事の約束を守れず迷惑をかけることがないように努力する
③集団の課題を理解して業務を行い、ルールを遵守して自分勝手な行動はしないが、時々周囲に合わせることができない

④今後は、常に集団の課題を理解して業務を行い、ルールを遵守して自分勝手な行動はしない自信がある

・服薬

①復帰後は、できるだけ早く服薬は止めたいと思っている

②主治医や家族に言われて、服用を継続するだろう

③飲み忘れが月に数回あるが、薬を飲むことの重要性は認識している

④服薬を継続することの必要性を理解しており、復帰後も飲み忘れることもほとんどない自信がある

・通院

①復帰したら、できるだけ、病院には行きたくない

②復帰後も、家族にうながされて、しぶしぶ受診するだろう

③復帰後も、自分から受診するが、主治医とあまりよく相談できるかわからない

④復帰後も、定期的に受診し、必要なときには臨時で受診し、相談するつもりである

自己評価と他者評価のずれ

「状況確認シート」では、本人の自己評価としての現状を知ることができます。加えて、「復職準

備状況確認シート」の使い方として、専門職との面談の際、まずは、本人自身に記入をしてもらい、その後、専門職の視点から記入評価してもらうことも可能です。このような使い方をすれば、自己評価と専門職による他者評価の差が明確になり、復職判断の一助となるはずです。

ステップ⑤：「復職準備期対応」

「休職者・不調者対応（復職準備期）」のタスクを整理します。

・「個別支援」対応者の決定
・「状況確認シート」の提出管理
・「復職準備状況確認シート」の提出管理
・「生活リズムチェック表」の提出管理
・「状況確認シート」あるいは「復職準備状況確認シート」から得られる自己評価と、「復職準備状況確認シート」から得られる他者評価の違いの確認
・ステップ⑥「リワーク期」への移行判断

ステップ⑥：「休職者・不調者対応のリワーク期」

「復職準備状況確認シート」の評価から、ステップ⑦「復職判断」に移行することもできますが、

困難事例や再休職の事例、また自殺企図を有する事例などは、安全配慮義務の視点からも、「リワーク期」を活用することをおすすめします。

「復職準備期」から「リワーク期」への移行

復職準備状況確認シートの内容を検討し、「復職準備期」から「リワーク期」に移行となります。次に示す条件をすべて満たした場合、「リワーク期」への意向を許可することは、企業の安全配慮義務の視点からも、「仕組みづくり」「個別支援」の考え方からも意味があると考えます。

・復職準備状況確認シート内のすべての項目の回答が「②」もしくは「③④」であること
・リワーク施設活用の意思があること
・十分な休職期間の残りがあること

「リワーク」とは

日本うつ病リワーク協会によると、リワークとは次のように説明されています。

『リワークとは、return to work の略語です。気分障害などの精神疾患を原因として休職している労働者に対し、職場復帰に向けたリハビリテーション（リワーク）を実施する機関で行われているプログラムです。復職支援プログラムや職場復帰支援プログラムともいいます』

プログラム概要としては、次の説明となっています。

『プログラムに応じて決まった時間に施設へ通うことで会社へ通勤することを想定した訓練となります。また仕事に近い内容のオフィスワークや軽作業、復職後にうつ病を再発しないための疾病教育や認知行動療法などの心理療法が行われます。また、初期には久しぶりの集団生活になれるための軽スポーツやレクレーションが行われることがあります。

プログラムの途中では、休職になったときの働き方や考え方を振り返ることで休職に至った要因を確認するとともに復職した時に同じ状況（休職）にならないための準備もしていきます。

復職に向けてリハビリを行うときに不安を感じる場合は、主治医に相談してリワークプログラムを紹介してもらうとよいでしょう』

「個別支援」で行ってきた休職復職支援と大きく異なるのは、エビデンスのあるプログラムを集団で、職場を模した場所で、実際に訓練できる、という点です。

リワークの種類

リワークの実施主体にはいくつかのパターンがあります（図表13）。

・医療リワーク
・地域障害者職業センターによるリワーク（職リハリワーク）

・民間企業によるリワーク（福祉リワーク）
・休職者が所属する会社によるリワーク
　それぞれの特徴を整理してみましたので、確認してみてください（図表13）。

リワーク機関による支援例

　リワーク機関による支援例は、次のとおりです（図表14）。
・精神保健衛生士や臨床心理士によるサポートを受け、精神的な不調の原因を把握する
・認知行動療法などによる心理療法で、無意識の思考パターンや行動パターンを理解する
・チェック表などを使って生活リズムを整え、自己管理能力を高める
・職場に似た環境で集団活動による、業務スキルやコミュニケーション能力の向上

リワーク機関利用により期待できる効果

　リワーク機関の利用により期待できる効果は次の点です（図表15）。
・復職率、就労継続率の向上
・再休職の防止
・復職後の定着率の向上

【図表 13　リワークの種類】

	医療リワーク	職リハリワーク	福祉リワーク	企業リワーク
①実施機関	医療機関	障害者職業センター	民間企業 NPO	企業内 民間企業
②費用	健康保険	雇用保険	障害福祉サービス	企業負担・個人負担
③対象	休職者（求職者）	休職者・事業主	休職者・求職者	休職者
④主な目的	精神科治療 ・再発予防	支援プランに 基づく支援	支援プランに 基づく支援	復職・労働させて よいかの見極め
⑤特徴	・治療の一環 ・再発予防の検討をしっかりおこなう ・実施機関の診療報酬算定によってコストが異なる	・作業能力の改善中心 ・会社と医療を繋いでくれる ・参加費は無料（ただし、公務員は参加不可）	・会社と医療を繋いでくれる ・運営元によっては、求職者と合同なケースあり ・障害者福祉サービスの一環、前年度の収入で費用が決定	・復職をリアルに想定してリワークが進められる ・ハードルが高くなってしまう場合も ・参加にあたってのコストは発生しない

【図表 14 リワークのプログラム例】

個人プログラム	文字や数字、文章を扱う。机上での作業を一人で行い、集中力や作業能力の確認、向上を図る
心理プログラム	認知行動療法やグループカウンセリングなど特定の心理療法を実施
教育プログラム	病状の自己理解を主目的とし、主に講義形式で病気について学ぶ
集団プログラム	実際に役割分担をして行同作業などをおこない、対人スキルの向上などを目指す。

【図表 15 リワークの効果】

◉「リワークプログラム」を受けると、復職後の就労継続率が高い

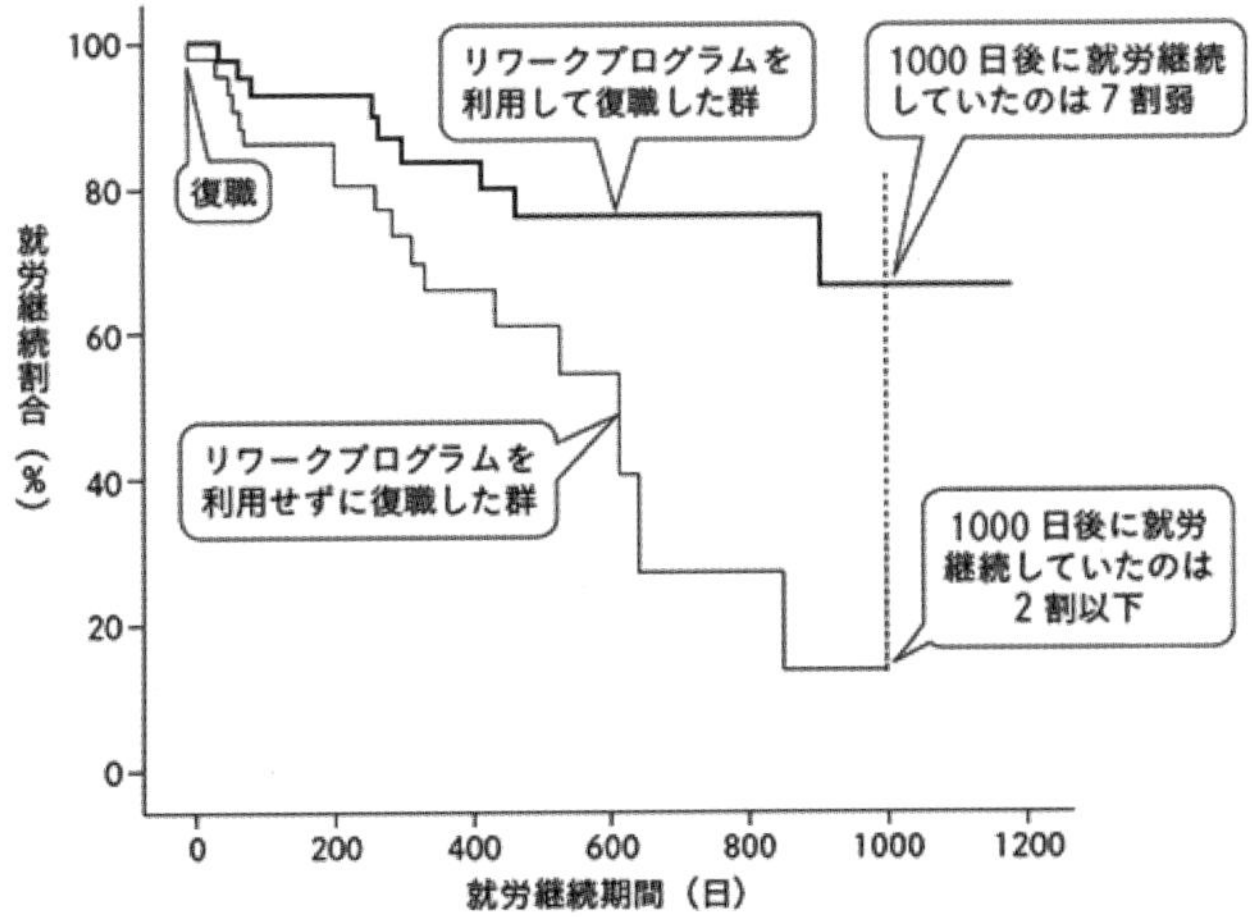

（出所）産業精神保健；20（4）

・復職時の心身の負担の軽減

「個別支援」で不十分な面を「リワーク」を用い補うことで、本人の病気の治療を超えた、新たなスキルの獲得を支援することが可能になります。共に外部専用システムを活用すれば、リワーク中の状況の把握から、個別面談の予約、実施、各種報告書の共有まで、人事労務担当者の労務コストを下げながら対応することも可能です。

リワーク施設の選択

リワークにもこれだけ種類があると、どのようなリワークを選んでよいか難しく感じるかもしれません。選択の基準、優先順位を整理してみました。

休職者への情報提供の際の参考としてみてください。

①治療とリワーク、両方の最大化の視点から判断する

通院している医療機関がリワークを実施しており、それに参加する場合には、治療とリワークを並行して同じ主治医の下で行えるため、それぞれの効果の最大化を見込むことが可能です。

他方、リワーク中の状況の把握なども、休職復職支援においては、大切な情報になりますが、定例報告や最終報告など、どこまで企業と連携が可能かは慎重に確認したいところです。

②費用面の視点から判断する

医療リワークの場合、健康保険での支払いなので、個人負担は少なからず発生します。福祉制度を利用した民間企業でのリワークも福祉サービスからの費用負担であり、同じように個人負担が発生します。

しかし、障害者職業センターであれば、個人負担なしで利用することができます。休職中の方は、給与についてやはり気にする方が多くいらっしゃいます。前年度の収入が高い方や、傷病手当金など各種手当の支給がなくなっている方であればなおさらですね。各都道府県には設置されていますので、利用しやすい面はあります。

他方、公務員の方は利用ができなかったり、同一の会社から受け入れる人数が制限される場合もあります。

また、うつ病や適応障害に特化したプログラムがあるかどうかも確認したいところです。

③職場との連携の視点から判断する

職場連携という意味では、休職者本人が所属している会社が行うリワークが最も適しています。しかし、現状このような制度を持っている会社は大企業に限られます。

また、休職中の立場で、所属する会社内での訓練は、整理すべき問題も多く、制度設計が複雑になります。

次に連携を密に対応できるのは、民間企業でのリワークです。

近年、福祉サービスの規定が変更となり、これまでは「求職中」の方のみを対象としていた「就労移行支援施設」でも、「休職中」の方がリワークを利用することが可能になり、一気に数が増えています。

民間企業での競争原理も働き、職場との連携を重視する施設が増えています。

他方、エビデンスのあるプログラムを実施できているかどうか、しっかりと見定める必要があります。

リワーク活用のポイント

リワークを利用する場合に、本人と企業側に最大限のメリットが出るように注意すべきポイントを整理しました。

- 休職者の病状に適したプログラムであるかどうか確認する
- 費用負担について確認する
- プログラムの内容がエビデンスのあるものか確認する
- リワーク状況について、報告会もしくは報告書を受け取れるか確認する
- 最終的に提出される成果物（本人の「取扱説明書」のような自分の課題やストレス対処法などを整理したもの）の内容を確認する

・段階的に負荷が高くなっていくプログラムかどうか確認する
・実際の職場場面を想定してプログラムが組まれているか確認する
・特に、思考のくせ、不調のサイン、再発防止の自分なりの対処法、などがしっかりと学べる内容であるかどうか確認する
・利用にあたり、会社側から提供すべき資料や情報があるか確認する

ステップ⑥：「リワーク期対応」

「休職者・不調者対応（リワーク期）」のタスクを整理します。

・リワーク施設の選定
・リワーク利用について必要な書類のやり取り
・「状況確認シート」の提出管理
・「復職準備状況確認シート」の提出管理
・「生活リズムチェック表」の提出管理
・「状況確認シート」あるいは「復職準備状況確認シート」から得られる自己評価と、「復職準備状況確認シート」から得られる他者評価の違いの確認
・ステップ⑦「復職判断」への移行判断

ステップ⑦：「復職判断」

長い道のりでしたね。いよいよ最後にして最大の難関でもある、「復職判断」です。

ただ、各ステップに分類し、ステップごとにやるべきタスクを実行することで、安全配慮義務をしっかりと履行した、スムーズな支援ができることをご理解いただけたと思います。

ここまで読み進めていただいたら、すでに理解できていると思いますが、各ステップを踏み、タスクをしっかりとこなしてきていれば、実は、復職判断については、8割方完了しているといっても言い過ぎではないのです。

「仕組みづくり」と「個別支援」を組み合わせ、休職復職支援を行うことで、おのずと、本人の回復は一定程度担保され、判断に必要な材料が集まり、判断を行う仕組みが整っているはずです。

困難事例のあるある

いままでの数百社に及ぶご支援の中で、「困難事例」といわれるケースにはある程度の共通点が見られます。

・就業規則や健康管理規定、また復職プログラムなどのルールや規定が整備されておらず、支援にばらつきがある、もしくは行き届いていない

・担当者が変わるたびに対応がまちまちで、休職者や在職者の不満が高まる
・休職者側のほうが、立場が上になって、会社側が言いなりになっている
・休職を繰り返す中で、配置転換や業務制限の「配慮」が、結果不十分な労務提供を許している
・休職中の接触や情報収集を怠ることで、状況をコントロールできていない
・「メンタルヘルス不調」「うつ病」との言葉が、思考停止を招き、「配慮」が前面に立ちすぎて、対応の幅を狭めてしまう
・「過重労働が原因です」「上司のハラスメントが原因です」との訴えが重なると、対応が受け身になりがちである
・「休職復職支援」をかけたくない「コスト」と理解して、休職や退職する従業員の本音を活用できていない
・「職場側の要因」「個人側の要因」それぞれに目が向けられておらず、「仕組みづくり」「個別支援」が不十分である
・再休職者に対しての適切な再発予防策が打てていない

困難事例の予防・解決のヒント

どうでしょうか。これらの共通する困難事例に対する解は、まさに、ここまで述べてきたように「仕

組みづくり」と「個別支援」をしっかりと組み合わせて、早め早めの対応をとっていくことですね。

だからこそ、ここまでのステップをしっかりと踏んで対応できていれば、「復職判断」のステップに移行してきている休職者は、病気を治していくことと、それをしっかりと証明する責任を感じており、そのために、会社からの「個別支援」を活用して、自分の課題を明確化し、柔らかく考え、柔らかい新たな行動様式を身に着けている人と言っても過言ではないでしょう。

「仕組みづくり」と「個別支援」をしっかりと組み合わせたステップ①〜⑦までの対応の履行こそが、最大の「休職復職支援」であり、「不調者予防の職場環境改善」につながるのです。

「リワーク期（復職準備期）」から「復職判断」への移行

復職準備状況確認シートの内容から、「リワーク期（復職準備期）」から「復職判断」に移行となります。

次に示す条件をすべて満たした場合、「復職判断」への意向を許可することは、企業の安全配慮義務の視点からも、「仕組みづくり」「個別支援」の考え方からも意味があると考えます。

- 復職準備状況確認シート内のすべての項目の回答が「③④」であること
- リワーク施設からの報告書と報告会の内容から、復職に向けて心身の準備が整っていると判断されること

復職届と主治医からの復職可能の診断書の受領

前項の基準を満たしている場合、「復職判断」でまず行うべきは、「復職届」と主治医からの「復職可能の診断書」を受領することです。

復職届は図表16にサンプルを示しますが、意外と受領していない会社もあるのではないでしょうか。形式的ではありますが、本人の意思で、本人が願い出るものであるので、しっかりと提出してもらいましょう。

診断書については、すでに書きましたが、主治医は医療契約の中で最大限の治療を提供する義務があります。異動や就業制限など、治療に効果があると考えられる職場内での環境調整については、患者側の要請も含めて、意見書や診断書に記載されることは十分に理解できるところです。

ここで私たちが考えるべきは、「仕組みづくり」の原則でもある「会社は治療の場ではない」との視点です。会社は労働契約に基づいて、労務の提供を受け、その対価として給与を提供しているはずです。極論になりますが、病気だからと言って不十分な労務提供を受領する必要があるのでしょうか。

【図表16　復職届（復職願）】

○○○○株式会社　御中
工場長 殿

復職願

私、＿＿＿＿＿＿＿＿＿＿＿（　　　年　　月　　日生）は、私傷病により休職しておりましたが、別添のとおり医師からの回復ならびに復職可能の判断をもらいましたので、復職の希望を致したくお願い申し上げます。
なお、復職に当たり、会社指定の専門医もしくは臨床心理士による面談が必要な場合は、その面談と面談内容の会社への情報開示を承諾委託します。

　　　　年　　月　　日

【住所】
【氏名】　　　　　　　　　　　　印

労務の提供が可能かどうかの医学的根拠が必要

人事労務側の視点から大切なのは、復職してくる従業員が、「通常の労務の提供ができるか」です。休職期間中に、「仕組みづくり」と「個別支援」の助けを受けて、個人の責任でしっかりと休職事由が解決して回復してきていれば、所定労働時間、元職での勤務が可能なはずです。

「気の合わない上司や同僚がいて、その人がいる職場に戻るのは再発の危険がある」との理由で、異動を希望されるケースは少なくないです。

相手側にハラスメントの事実や、就業規則などからの明らかなルール違反がない限り、その状況で仕事ができるようになるまで（スキルの獲得や、思考のくせへの対応）回復、改善、適応してくるのは、休職者側の責任である、とも理解できます。

元職で、所定労働時間の勤務を再開できるかどうか、の視点で意見書や診断書をもらう必要があると考えます。

主治医への就業情報の提供

「労務の提供ができるか」とは、所定労働時間、元職で以前と同じように仕事ができるかどうか、ということです。一般的な従業員が普通にこなせる仕事量をこなせるか、とも言い換えることができますね。

この判断を行うためには、やはり主治医に、従業員の置かれた状況を詳しく知ってもらう必要があります。

一般論になりますが、患者側で休復職の際に自ら不利になるような情報を、わざわざ主治医に共有することはあまりありません。また、会社の就業規則や復職プログラム、また、復職基準などを知っている主治医がどれくらいいるでしょうか。

「労務の提供ができるか」の判断のためには、その前提としての次のような情報を、主治医に提供し判断材料としてもらう必要があります。

就業情報の具体例

・本人の属性
氏名、所属部署、家族構成、勤続年数、現在の業務の内容、過去の休職歴、会社側で把握している面談記録や不調の要因、に関して記載しましょう
・ここまでのステップで得られた各種資料
「状況確認シート」「復職準備状況確認シート」「生活リズムチェック表」「リワーク施設からの報告書」「リワーク実施後の最終報告書」など可能な範囲で提供しましょう

・休職に至るまでの簡単な経緯
時系列で、勤怠の乱れや職場での出来事（人間関係上の問題や本人の特徴的な行動）などに関して記載しましょう
・復職判定基準
「復職準備状況確認シート」の項目をすべて出すわけにはいきませんので、「復職判定基準」として整理した内容に関して記載しましょう

主治医への意見書フォーマットの提供

会社が求める医学的根拠を明記した意見書や診断書をもらうには、主治医への復職者の就業情報提供だけでは不十分な場合があります。

通常、意見書や診断書は図表17に示すように、非常にシンプルになっています。特に会社に提出する場合には、その利用目的を勘案して、患者側に不利益にならないように配慮されるのが一般的ですし、大切な個人情報なので、あまり詳細には書かれないケースもあります。

もちろん、作成に時間がかかるものは医師としても避けたいところです。
・病名「抑うつ状態」
・病状「○月より復職可能と判断する」

【図表17　通常の診断書例】

診　断　書

＿＿＿＿＿＿＿＿＿＿＿＿＿＿様

住所

生年月日　　年　　月　　日生　　**性別**　男・女　**年齢**　　才

病名
症状
特記事項

上記の通り診断いたします。

年　　月　　日

医療機関名

所在地

診断医師名　○○　○○　㊞

・特記事項「当初は、本人の負担となるような業務は避けること。可能であれば不調の要因となった職場から異動させることが望ましい。残業などは徐々に開始することが望ましい」

このような診断書をもらって、果たして「労務の提供ができるか」の判断として使えるでしょうか。

主治医の「復職可能」が「通常的な労務提供が可能」ではない

主治医の思う「復職可能」と会社の思う「復職可能」の判断は、「通常の労務が、元職で所定労働時間実施可能かどうか」の基準で、大きく異なるということです。

会社側で求める基準が「労務の提供ができるか」であれば、やはり、病院やクリニック所定の診断書ではなく、企業側から所定のフォーマットでの記入を求めることは大切なタスクと考えます。

会社側からの就業状況の提供と、本人の診療情報の取得のためのフォーマット例を図表18、19に示します。医師側からの個人情報の提供にもなりますので、復職者本人から同意をもらいサインしてもらうことがよいでしょう。

この際、就業規則などに、休職復職時に会社指定の医師等の意見や診断をもらう旨を明記があると対応しやすいですね。

外部の心理職による面接の実施

主治医の復職可能の診断書、意見書を受領すれば、次は「個別支援」で関わってくれていた外部心理職の面接を実施しましょう。主治医からの復帰に関する情報は、前項の情報提供依頼書を用いても十分ではないかもしれません。

特に、復帰後の周りの支援や本人への対応については、ほとんど記載がないでしょう。

外部心理職による復職面接を実施することのメリットは次のようなことが考えられます。

〈会社側〉
・主治医以外の専門職からの情報として、正確な復職判断を行うための資料となる
・復帰後の、人事労務担当者、管理職、同僚らの復職者への対応について知見が得られる

〈復職者側〉
・休職復職を通じて、会社からの一貫した支援を受けられているという安心感が得られる
・復職後のフォローについても、個別支援の資源として認識できる

産業医による面接の実施

主治医の診断書・意見書、外部心理職からの意見書がそろえば、産業医による面接に進みましょ

う。2つの資料は必ず産業医と共有したうえで、面接を実施してください。

「うちの会社の産業医は名ばかり産業医で、毎月の訪問もない」「メンタルヘルス不調者への対応に関しては、積極的ではないので、主治医の意見書をそのまま追認する形になる」といった不安がよぎった人事労務担当者の方もいるのではないでしょうか。

しかし、大丈夫です。今までのステップとタスクをしっかりとこなしてきていれば、そもそも回復は一定程度信頼が得られる状態ですし、産業医以外の専門家からの情報収集も行えています。

選任契約を結んでいる産業医であれば、少なくとも（契約内容によっては追加の費用が発生するかもしれませんが）復職時の面接は行ってくれるはずです。

産業医による意見書は、安全配慮義務の視点からも、後の項でお話しする、復職判定委員会でも必要な書類になります。産業医面接は復職時に外すことができないものとして、実施し、意見書を作成してもらってください。

休職復職支援の仕組みを継続して運営していくためにも、改めて産業医とは、「仕組みづくり」「個別支援」について話し合い、信頼関係をつくっておくことをおすすめします。

人事労務担当者・管理職による面接の実施

社内の関係者による面接も可能であれば、実施したいところです。「労務の提供ができるか」の

【図表 18　情報提供依頼書】

年　　月　　日

職場復帰支援に関する情報提供依頼書

＜医療機関名＞
先生　御机下

〇〇〇〇株式会社

拝啓
平素は、弊社の従業員の健康管理にご尽力いただき、こころより御礼申し上げます.
下記の通り、弊社従業員である〇〇〇〇の職場復帰支援に際し、下記4つの情報提供依頼事項について、別紙回答用紙により情報のご提供およびご意見をいただきたく存じます.
なお、当該情報提供については、〇〇〇〇より下記署名の通り、承諾を得ております.また、当該情報については、本人の職場復帰を支援する目的のために使用され、プライバシーには十分配慮し、規則にのっとり責任をもって管理いたします.
今後とも弊社従業員の健康管理へのご協力をよろしくお願い申し上げます.

記

1．従業員
氏名　：　〇〇〇〇　＜性別＞＜年齢＞
生年月日　：　〇〇〇〇／〇〇／〇〇
所属　：

2．職務内容
職務　：
職位　：
車の使用　：

3．弊社の復職支援制度内容
弊社の所定労働時間は〇〇：〇〇より、〇〇：〇〇です。工場内での現業勤務ということもあり、復職判定の基準としては、原則所定労働時間内の安全な勤務が可能であることを第一としております。ただし、職場復帰に当たり、短時間勤務措置として、復職後〇か月は午前中のみの半日勤務、もしくはそれに準じた勤務時間を設定することが可能です。また、その間の時間外勤務命令は原則行わないこととしております。

4．情報提供依頼事項
（1）病状および今後の通院頻度について
（2）短時間勤務措置の必要性について
（3）その他、職場および就業上必要な配慮について

私は、私個人の診療情報について、職場復帰支援の目的で主治医より会社側に上記内容の範囲で提供される事を署名の上同意します。

年　　月　　日

【住所】
【氏名】　印

別添
職場復帰支援に関する情報提供依頼書（回答用紙）

当該従業員情報			
氏名		年齢	
治療情報			
傷病名		内服薬（種類・頻度）	
今後の通院頻度	□ 毎週　□ 2週に一度　□ 3週に一度　□ 月に一度 □ 通院の必要なし　□ その他（　　　）		
現在の回復状況	職場復帰「不可」	□ 当面の間、通院による治療が必要 □ 薬物療法に加えて、カウンセリングを行うことが効果的 □ 回復傾向にあるものの、職場復帰は時期尚早 □ その他（　　　）	
	職場復帰「可」※	□ 寛解状態。職場復帰に当たっては、就業上の制限は必要なし □ 寛解状態。職場復帰は可能であるが、下記制限勤務等の配慮が必要 □ その他（　　　）	
※職場復帰時の配慮について（複数可）	□（　　）週間の間は午前中勤務 □（　　）週間の間は（　　）より（　　）までの勤務 □（　　）週間の間は時間外勤務不可 □（　　）週間の間は社用車等営業活動での運転不可 □（　　）週間の間は時間外勤務（　　）時間まで可 □ 職場環境の改善（　　　）が必要 □ その他（　　　）		
※その他必要な職場復帰時の配慮について			

ご協力ありがとうございました。

年　　月　　日

医療機関名

医師名　　　　　　　　印

判断には、やはり現場をよく知る社内の人間の面接は意味があると考えます。

ここでは、医学的な回復を専門的な目から確認する必要はありません。そのような情報収集は、他に任せましょう。また、「復職判断」まで来ている復職者なので、腫れ物に触るような対応も必要ありません。

ましてや、「面接場所が会社であるのは負担が高いので避けたい」「午後からの面接でお願いしたい」といったリクエストがくるような場合は、今までのステップやタスク、またその移行判断がうまく機能していなかった可能性が高く、再休職の確立が高いかもしれません。

面接に関しては、長くても50分程度で大丈夫です。聴き取りたい事項を次に整理してみます。

- 所定労働時間の勤務に耐えうる心身の回復ができているか
- 元職への復職に関して思うこと（意欲）
- 元職での従業員や業務の現状の共有
- 元職復帰に関して新たに必要となるスキルや準備
- 復職後の仕事の進め方についての考え
- 元職復帰にあたっての不安点

「配慮」の取り扱い

ここで、本人が「職場に求める配慮」まで聴き取るかどうかは熟慮が必要です。事前に希望する配慮を聴き、職場にて一定の対応を行うことは、確かに復職をスムーズに進める場合があります。ただし、「復職時に希望を述べれば異動ができる」「安全配慮とは、従業員の希望する配慮をすべて具現化することだ」といった誤解が本人だけでなく、周りの従業員にも生じる可能性があります。また、「配慮を聴く」という行為の裏腹には、「リクエストへの対応」が対になってしまうということは常に頭に置いておく必要があります。

繰り返しになりますが、「仕組みづくり」の考え方では、会社は治療の場ではないということです。「個別支援」をしっかりと入れて復職してきた方であれば、元職での所定労働時間からの勤務は可能と考えます。極論すれば、復職後の配慮は、一定期間（1～2か月程度）の過重労働禁止程度が合理的かもしれません。

「運用」での工夫

ただし、そうはいっても数か月から1年以上の休職で、「個別支援」がしっかりと入れることができなかったケースでは、復職後に所定労働時間まで徐々に勤務時間を増やしていくことは現実的に考えられます。

ルールは厳しくして、運用でうまく対応する姿勢ですね。会社の各種事情から、結局この形に落ち着くケースは多くあります。社内の資源や会社の風土など、なかなかこの状況から脱せないのは理解できるのですが、結果、困難事例を生んでしまうこともあり得ます。

「休職復職支援」は「経費」ではなく「投資」です。「仕組みづくり」だけでなく「個別支援」をしっかり入れることが、改めて「不調者発生予防」「いきいき職場づくり」「職場環境改善」につながることを意識してみてください。

復職判定

「主治医からの診断書・意見書」「外部心理職による意見書」「産業医による意見書」「人事労務担当者、管理職等による面接結果報告書」がそろえば、「復職判定」となります。

復職できるかどうか、また、復職させるとすればどこにいつ復職させるのか、さらには、復職に際して必要な配慮があるのか、それはどの程度か、などを「復職判定委員会」を中心に決定します。

復職判定において大切なのは、きちんとプロセスを踏むということです。復職は特定の人間による意見で決定されるものではありません。

たまに勘違いしている人がいますが、復職を「主治医」や「産業医」が決定するわけではないのです。復職は「事業主」が、つまり会社が決定するのです。

では、会社の誰が何をもって判断するのでしょうか。例えば、復職者の上司が、当人の好き嫌いをベースに判断してよいのでしょうか。あるいは、人事労務担当者が、復職後の対応が面倒だからと恣意的に判断してよいのでしょうか。そんなわけはないですね。

復職判定のポイント

大切なのは、民主的な手続に則って、合議で判断がなされることです。これは、会社側の安全配慮義務の履行にも大きくかかわると考えています。

民主的な手続とは、すなわち定められたルールに従って休職復職対応を実施し、復職判断に関しては、複数の専門家からの情報を収集するということが大切と考えます。まさにここまでのステップとタスクをしっかりと実行し、主治医だけでなく、外部心理職、産業医、人事や上司、といった面々から情報を収集することが重なりますね。

次に、合議でという点ですが、特定の人物の恣意的な判断ではなく、復職に関わる複数の人間が集まり、詳細情報を基に相談の上、決定するということです。

誰がどのタイミングで集まり、どのような資料を基に、何を基準に判断をするのか、仕組みづくりが必要になりますね。

復職判定委員会

合議での決定のシステムを、「復職判定委員会」を組織して実行することをおすすめします。参加メンバーは、次のとおりです。

・人事労務担当者
・当該従業員の管理職
・産業保健スタッフ（産業医・保健師・カウンセラーなど）

復職判定委員会での審議・答申

「仕組みづくり」の視点からは、ここまで収集した資料において、次のような基準で復職を検討することは合理的であると考えます。

・復職準備状況確認シート内のすべての項目の回答が「③④」であること
・リワーク施設からの報告書と報告会の内容から、復職に向けて心身の準備が整っていると判断されること

この2つの条件は、「復職判断」のステップへの条件でしたから必須です。加えて、次の条件を追加することを推奨します、

・『「主治医からの診断書・意見書」「外部心理職による意見書」「産業医による意見書」「人事労務担当者、管理職による面接結果報告書」すべての面接において、復職可能との判断であること』

心身の反応からの復職条件は整っているとの前提ですが、自分の思考のくせを認識しており、それに対する柔らかい思考を出せるようになっているか、柔らかい思考からの柔らかい行動が職場でも対応できるほどに練習がなされているか、元職での所定労働時間の勤務に耐えうる体力面の回復がなされているか、必要な業務上の注意集中力が回復しているか、それぞれの立場での面接にて、すべてＯＫが出て、はじめて「職場復帰可能」と判断し、責任者に答申し、判断を下すことは、合理的と考えます。

復職判定要領

復職判定の要領については、あまり事例を見つけることができないかもしれませんので、代表的な項目について、次に例を示します。参考にしてみてください。

・目的

復職判定手続は、従業員の傷病休職からの円滑な職場復帰に関し、会社に課せられた安全配慮義務の遂行を図ることを目的とする。

・構成員及び役割

①審査者は、外部の○○、○名、○○、○名の計○名以内とする。

②審査者は、従業員の職場復帰に関する意見を○○へ答申する。

③審査手続にあたっては人事部に○○をおき、人事部長を○○とする。

④審査は、原則として、審査者全員の出席により審査を行うが、やむを得ない理由により審査者が審査に出席できない場合は、事前に面談を行った審査者の書面による提出を持って審査は成立するものとする。

⑤○○は審査者の答申を尊重し、従業員の職場復帰の判断を行う。

・審査の対象

①精神・神経性疾患により○○または傷病休職となった従業員の職場復帰の場合

②精神・神経性疾患以外の○○または傷病休職等により○か月以上の欠勤となった従業員の職場復帰の場合

③精神・神経性疾患、精神・神経性疾患以外を問わず、傷病による連続する長期（○日以上を目安とする）休暇欠勤を取得しており、職場復帰可否の判断が難しいと○○が認める場合

※上記①②および③に該当するものを対象者とする（以下「審査対象従業員」という）。

【図表 19 復職プラン】

取扱注意

年　月　日

職場復帰支援プラン

工場長　　　　印
産業医　　　　印
人事担当者　　印
管理監督者　　印

不調者等情報			
氏名		所属	
職場復帰日、配属先			
職場復帰日	年　月　日(　)		
配属先			
管理監督者による業務上の配慮			
業務内容について(具体的に)			
その他の配慮			
人事労務上の配慮			
就業時間の制限について			
その他の配慮			
復職後のフォロー			
復職後、〇〇に1回は、管理監督者および復職支援スタッフとの面談を実施し、次の事項を確認する。①症状の再燃、再発、新たな問題の発生の有無、②勤務状況および就業能力の評価、③治療状況の確認、④職場復帰プログラムの実施評価と見直し。			

上記復職支援プログラムに則り復職することに同意します。

年　月　日

【住所】
【氏名】　　　　　　　　　　印

・審査の開催

①審査手続は、原則として○○の定期開催とし、非公開とする。ただし、審査者の日程により、または審査対象従業員がいない場合は、開催しない。

②事務局は、○○とする

・参考資料の提出

審査の判断材料として、次の資料を○○部より提出する

・「主治医からの診断書・意見書」

・「外部心理職による意見書」

・「産業医による意見書」

・「人事労務担当者、管理職による面接結果報告書」

・審査

①審査手続は、審査対象従業員の職場復帰の可否、必要な就業上の措置について審査を行うとともに、適用する復職プランの作成を行う。

②審査手続は、提出された資料に基づいて審査を行うものとする。

③審査手続は、原則として、審査対象従業員が従前の職務に復帰するものとして審査を行う。

④審査手続は、審査にあたり必要と認めるときは、直属の上長、産業医および審査対象従業員の審

査手続への出席を求め、意見を徴することができる。

・審査結果および職場復帰判断

①審査手続の結果は、○○に対し答申を行う形で伝達する

②○○は、審査対象従業員の職場復帰にあたり、審査手続からの答申内容を尊重し、職場復帰の判断を行う。

③職場復帰に際し、適用する復職プランの内容に関しては、別に定める。

④○○は、審査手続の答申を受けて職場復帰を不可と判断した場合、就業規則に則って当該従業員の処遇を決定する。

・プライバシーの保護および秘密厳守

①審査手続に関連した業務については、必要最小限の適切な者が担当するとともに、プライバシーの保護に十分に配慮した業務遂行を行う。

②審査者および関係者は、審査手続に関し知り得た情報を正当な理由なく、他に一切漏らしてはいけない。

取り扱う情報が機微な内容にもなります、しっかりとしたプロセスに基づき合議で判断するためにも、大切な仕組みの1つですね。これらは、復職判定委員会を実施遂行するための要領（例）になります。職場の実情に応じて項目は取捨選択して、自社に合ったものを作成してみてください。

7 「仕組みづくり」その(4)：「復職プラン」

復職プランの作成

復職判定委員会にて審議されるものに「復職プラン」があります。「仕組みづくり」の考え方では、元職、所定労働時間勤務での復帰、は大原則でした。ただ、やはり個別的な事情を配慮すべき場合も存在します。そのようなときには、配慮すべき内容を当事者間で共有する計画を作成しておきます。それが復職プランになります。

復職プランに関しては図表19を参考に説明していきますが、なすべき配慮については、先にも述べた通り慎重な検討が必要です。

・配慮期間としては長くても3か月程度
・配慮の基本は、1か月程度の残業や出張の禁止
・特定のストレス要因からの影響がつよく、そこから離れる必要がある場合については、その理由を主治医の意見書に明記してもらったうえで、職場の異動を検討
・異動を実施する場合でも、不調が要因の異動ではなく、あくまで通常の異動として時期を配慮する
・配慮期間を過ぎて、「通常の労務の提供」が不可能な場合は、就業規則等のルールに従って、再

休職などの発令を実施する

ステップ⑦：「復職判断のタスク」

「復職判断」のタスクを整理します。

・復職届と主治医からの復職可能の診断書の受領
・主治医への就業情報の提供
・主治医への意見書フォーマットの提供
・外部の心理職による面接の実施
・産業医による面接の実施
・人事労務担当者・管理職による面接の実施
・復職判定委員会での審議・答申
・復職プランの作成
・ステップ⑧「復職後フォロー」への移行判断

ステップ⑧：「復職後フォロー」

復職判定を経て、晴れて従業員が復職できました。今までの苦労をねぎらいたいところですが、これですべて完了ではありません。メンタルヘルス不調は、２歩進んで3歩戻るような場面がどうしても出てきます。休職中の「個別支援」がどれだけ十分であってもです。

復職後のフォローは、再休職を防ぐ最も効果的な手段と感じています。１００名上の休職者がいる会社で、休職復職支援を導入いただき、まず、再休職が「０」になりました。不調者発生自体を「０」にするのは各種の取組みを複合させて、継続した対応が必要ですが、再休職を防ぐにはしっかりとした休職中と復職後の「個別支援」が大きな効果を発揮します。「休職復職支援」においては、「復職後フォロー」は見落とされがちですが、「個別支援」の中でも外部心理職による継続フォロー面談は、特に意味合いが大きいと感じています。

「復職判断」から「復職後フォロー」への移行

次に示す条件をすべて満たした場合、「復職判断」から「復職後フォロー」への移行を許可することは、企業の安全配慮義務の視点からも、「仕組みづくり」「個別支援」の考え方からも意味があると考えます。

- 復職判定員会を経て正式に復職となった場合
- 復職プランが作成されている場合
- 職場復帰を果たし、労務の提供を開始した場合

「復職後フォロー」の具体的な対応

復職後のフォローには、復職プランで定めた配慮とは別に、「個別支援」として、定期的な面談が有効です。産業医や保健師、また、人事労務担当者による面接ももちろん意味がありますが、どうしても相手を利害関係者として見てしまい、復職者側からすると本音ベースで話せないこともあるかもしれません。

最も効果があるのはやはり「外部の心理職」による面談です。可能であれば、月1回でよいので、復職後3か月間の面談を行っていただくことを推奨します。その際には、「復職後状況確認シート」を活用することも意味があると感じます。本人の主観的な評価と、外部の心理職による客観的な評価を収集することも可能になります。

本書では、「療養期」では「状況確認シート」、「復職準備期」では「復職準備状況確認シート」、そして「復職後フォロー」では「復職後状況確認シート」と名前と書式を変えることを前提としていますが、「状況確認シート」の名前で、すべてをまとめてもよいと思います。

「復職後状況確認シート」

次に、「復職後状況確認シート」での確認点を記しておきます。

・勤怠について
週に1度でも遅刻早退欠勤がある場合は△、週に2日以上の場合は×
・業務中の眠気、疲労感について
勤務に支障がない程度は△、勤務に支障が出ている程度は×
・業務中の集中力について
勤務に支障がない程度は△、勤務に支障が出ている程度は×
・業務遂行能力
以前に比べて50~80％で△、50％以下で×
・業務に関する対人関係について
特定の人であれば話がスムーズで△、どの人間とも話せない状況で×
・業務に関する意欲
周囲の支援があれば意欲を発揮できるで△、課題や目標自体受け入れられない状況で×

これらの評価から、例えば○で100％、△は50％、×は0％として、全体の数字が90％を下回ったときには、産業医の面接を実施する、などの基準をつくっておくことは意味があると考えます。

理想は、復帰直後から、すべての項目が○となり、100％で推移することですが、少し余裕を持って対応することがよいと思います。

復職後の「ゆれ」に対応する

復職後、個別支援やリワークでも想定できなかったようなストレス場面に出会うことは、容易に想像することができます。このような場面では、学んできたことを生かしづらかったり、忘れてしまうのもよくあることです。

外部心理職との面談では、復帰後に生じたストレス場面とそこでどのような対処法を用いたか、実践の場での対応を確認することができます。時には、リワーク施設にて作成した、自分の取扱説明書となるような報告書を共有して、改めて、ストレス場面での具体的な対応や対策を検討することも可能です。

一種の作戦会議のようなものですね。敵に対して、どのような対策が打てるか、２人で一緒に検討するイメージです。検討された対処法を、次は実践の場で「実験」してもらいます。次の面談の際にはその実験結果をフィードバックしてもらい、あらたな手段を検討していきます。これの繰り返しが、復職後の「ゆれ」を支えることにつながると考えています。

また、この段階では「いいよいいよ無理しなくて、疲れたね、ゆっくりしようね、休もうね」とだけ伝えていてよい場面ではないと考えます。心身の状態が回復していれば、ストレス場面で踏ん張るべきときもあるはずです。そのようなときには、そこから逃げたい思いや不安なども共有しながら、一緒に一歩一歩進んで行く、伴走者のようなスタンスで臨むことも意味があるのではないでしょうか。

復職後フォローでの外部心理職の「個別支援」は、私の経験上、皆様が思っている以上に効果を発揮すると考えています。ぜひ、積極的な活用をご検討ください。

復職プランの調整

復職プランは、復職者の状況に応じて、ある程度柔軟に運用して大丈夫です。例えば、やむを得ず、終業時間を徐々に伸ばしていく場合、本人や外部心理職から提出される、状況確認シートから、勤務時間を調整します。

「仕組みづくり」の考え方からはおすすめしませんが、よくある例として「最初の2週間は午前中勤務、次の2週間は15時までの勤務、その後所定労働時間勤務。残業や出張は3か月間は禁止」との復職プランがあったとします。

復職者の準備状況が十分で、時短勤務の配慮が「逆に仕事を詰めて行わなければならないので苦痛」「暇で、周りからの眼が気になる」といった場合は、所定労働時間への移行を早めるケースもあります。

正確な情報を集めて、柔軟にプランの変更を検討してみてください。

復職後フォローの終了

「復職後状況確認シート」が100%の回復を示している場合、復職後フォローは終了して大丈夫でしょう。フォロー面談も復職後、3か月程度の実施が多いと考えています。配慮期間の最大ですね。経験上復職者の方は3か月以上の継続面談を希望されるケースが多いです。ただ、費用面も考えるといつまでも、「個別支援」としての対応は会社としても継続できません。このような場合は、他の従業員も活用できる相談窓口への移行を促しましょう。面談担当が変わるかもしれませんが、受け皿、資源、相談先、として意識してもらう、活用してもらうことは、意味が大きいと考えます。

ここで、不調に至ってから、復職し安定するまでの一通りの流れが完結しました。次は、この流れをうまくあなたの会社で適用するために、事例を用いてやるべきことを整理していきましょう。

ステップ⑧：「復職後フォロー」

「復職後フォロー」のタスクを整理します。

- 「復職後状況確認シート」の提出管理
- 「生活リズムチェック表」の提出管理

・外部の心理職による面談の実施
・産業医や産業保健スタッフによる面接の実施
・復職プランの進捗確認と柔軟な変更
・復職後フォロー終了の判断

ここまで、休職復職支援の流れを、全部で8ステップ42のタスクに分類して説明してきました。「仕組みづくり」と「個別支援」の2つの視点から、職場要因と個人要因を明らかにし、早め早めの対応が実施できるように心がけて記したつもりです。

人事労務担当者としては、休職復職支援の流れを、まずは8ステップ42のタスクで把握できるようになりたいところです。次に何をやっていいのかわからない、今何をすべきかわからない、という状況をなくすことですね。

その上で、先を見通して、早め早めの対応を実施していきましょう。休職期間満了になったらどうなるのか、リワーク施設を使うにはどれぐらい期間が必要か、復帰後の支援体制はどのようなものが組めるか、このような大きな視点をもちつつ対応していきたいところです。目の前、細かなやるべきことを漏れなくこなしつつ、先のことを想定しながら支援していく姿勢は役に立つ考え方ではないでしょうか。

もちろん、会社の実情に応じて、ステップやタスクは見直して活用してみてください。

第3章　事例検討

1　事例を用いて休職復職支援を整理する

職場でよく見られる基本的な事例を用いて、今まで学んできた、ステップとタスクをどうこなしていくべきか、またよくある失敗事例も組み込みながら、時系列で学んでいきたいと思います。

「適応障害」と診断され、復職直後に再休職に至った事例

休職までの事例詳細

もちろん架空の設定ですが、弊社で対応した多くのケースからよくある事例として構成しています。休職時をX年として理解してください。

■休職者概要

・システムエンジニアとして勤務
・同僚はコロナ禍を経て在宅での勤務も多いが、自分はお客様先での開発業務であり、ほぼ毎日顧客企業に出社している
・入社5年目の中堅男性。独身の都内一人暮らし。兄弟はいない。既往歴もなし。田舎は九州で、

父親はすでに他界したが、介護が必要な状況だった。
・特別な趣味はなく、休日は動画鑑賞とゲームで時間をつぶすような過ごし方
・元来、人付き合いは苦手で、集中して作業することが得意であり、この仕事を選択した。
・コツコツ真面目に仕事することを評価され、今年「主任」というポジションになった
・「主任」は役職というものではない。「主任」となるための特別な教育研修は受けていない。

■職場概要

・老舗の中堅エスアイヤー企業、1000名規模。国内の拠点は3か所。毎年20名以上の新卒が入社。中途入社の従業員も多い。
・メンタルヘルス不調者が慢性的に多い状態
・産業医はいるが、保健師、心理職などの専門職は社内にはいない。ストレスチェックと健保で利用できる外部相談窓口は設置（周知）しているが、それ以外の不調者対策などは具体的には行っていない。
・人事とは別の流れ（人材開発）で教育研修は行っているが、技術的なものが多く、メンタルヘルスに関する研修（ラインケア研修、セルフケア研修）はほとんど行われていない
・休職者の増加で、いままではベテランの人事部員が何とかこなしていたが、その担当者が突然退

職することになり、仕組みが見える化されていない中で、急遽、目の前の復職者対応と、根本的な不調者予防のために、コンサルティングサービスの依頼があり。

・メンター制度はあるが、形骸化している状態。

・休職期間は最大1年6か月。休職中は傷病手当金の支給のみで、その他会社からの給与相当の支給はなし

■休職者経過

〈X―5年〉

大学院卒で入社。入社時の成績はトップクラス。

〈X―4年〉

業務研修を経て、比較的大規模なプロジェクトに初めて配属。配属後も問題なく仕事はこなしていた。

〈X―4年〉

田舎の父親の体調がすぐれず、入院手術。何とか退院できたものの、実家での介護が必要な状態になり月に何度かは週末に帰省。同時期、担当していたプロジェクトで問題が発生し、残業が平均して50時間を超えるようになる。夜が眠れずに、朝早くに目が覚めることも多くなった。業務の集

中力も下がり、業務上のミスが増え、それがまた残業を多くする悪循環となった。

〈X―3年〉

眠りに加えて、食欲も落ちてきていた。いままでにない心身の反応ではあると思ったが、疲れているだけとの認識で「頑張るしかないか」との思いで業務を継続していた。大きなプロジェクトではあったが、リーダーは完全にお客様のほうだけ向いており、本人の相談に関しては主任が担当していたが、スケジュールを守ることで主任やリーダーも精いっぱいの様子で、自分よりも残業が多く仕事をしている中、なかなか体調不良を言い出せなかった。

ただ、自分から希望を出したわけではないが、別のプロジェクトでメンタル不調者が発生したとのことで、急遽、別プロジェクトに異動となった。

〈X―2年〉

新たなプロジェクトでは、一プログラマーとして比較的安定した業務を行い、心身の反応も安定して業務を継続できた。

〈X―1年〉

介護を継続していた父が他界。自分が思った以上に父の死からの影響が大きく、数か月は食事がのどを通らない状況に。それ以上に母の落ち込みがひどく、週末は帰省することがさらに増えることになった。

数年前の体調不良までではないが、眠りと食欲に変化が生じてきた。

〈X年〉

「主任」の立場になる。

リーダー含めて5人のチームで仕事をしていたが、リーダーが他の業務も掛け持ちしており、比較的安定しているこのプロジェクトに顔を出すのは多くて週に1回程度。

そのため、顧客先では、いままでリーダーに向いていた各種問い合わせや確認が「主任」となった途端に自分に向き始める。チーム内でも、「主任だから」となにかと確認や相談を求められる場面が増えてくる。父の死からの影響、母の介護での身体的負担、などで体調面の変化が出ている中、主任となっての精神的な負担が一気に襲い掛かってきたような状況。

もともと対人的なコミュニケーションが苦手であったにもかかわらず、業務量と質が一気に負担となった。残業は月60時間を超え、メンバーにはうまく指示が出せず、またお客様との会議ではうまく説明できない日々が続いた。

「明日は○○の会議だ」と思うと、眠れなくなり、朝早く目が覚めてしまい、仕事の資料に目を通すが、内容が頭に入ってこない状態。スーツに着替えると、強い腹痛に襲われて、動けないような状態にもなる。

メンバーのことを思うと仕事を休む選択はなく、リーダーも不在の中、自分で処理すべきことが多く、無理して出勤している状況。

通勤途中に電車を降りてトイレに駆け込むことも起こるようになり、ついに朝起きてもまったく体が動かない状態で、会社に休みます、と連絡。

会社からは、状況確認の電話はあったが、「1日休んで、なんとか明日の会議だけには出てくれないか」。そんな連絡。翌日も体が動かず、さすがにこれはおかしいと、近所の内科を受診。メンタルクリニックへの紹介を受けたうえで、「すぐに休んだほうがよい」と「適応障害にて、1か月の自宅療養と通院服薬を要する」との診断書受領。

翌日、人事に連絡すると、「まずは、有休消化、そのあと病気欠勤、休職となります」との連絡のみうける。12月から療養開始。

休職開始後の事例詳細

■休職者経過

〈X年12月〉

全く初めてのメンタルヘルス不調であり、また、休職開始時に会社からは何も連絡がなかったので、どのようにすごしたらよいのかわからなかった。主治医もあまり話を聴いてくれる人ではなく、お薬の調整で2週に1回、15分ほどの診察を受けていたのみ。

帰省すべきか迷ったが、帰省して母に心配をかけたくないと、休職のことも母に話をしなかった。

〈X＋1年2月〉

職場から離れ、服薬を継続することで、比較的早期に眠りと食欲は回復を感じられた。

〈X＋1年3月〉

徐々に外出もできるようになり、服薬を継続しながらだが、昼前には起床して、昼寝なしで24時までには就寝するリズムができあがる

〈X＋1年4月〉

傷病手当金の申請についてては、連絡がなかった（あったのかもしれないが、業務上のコミュニケーションシステムは利用できなくなっており、目にしていない）ため、申請できておらず、会社からは社会保険に関しての請求書だけが届いたこともあり、お金の面が気になりだした。

業務やメンバーのことを思い出すと、まだお腹が痛くなる感覚はあるが、休職していることを伝えていない母にお金のことを相談することもできず、復職を意識するようになる。

〈X＋1年5月〉

主治医にお金の面もあり、復職したい旨伝える。そこで傷病手当金のことを知るも、受給までは時間もかかる様子であり、復職の意向は変わらず。週2回の診察と服薬のみの休職期間対応だったが、自分の体調や職場に戻ることの不安よりもお金の問題が大きく、主治医にもその旨話をして、

復職可能の診断書を書いてもらった。

診断書には、「適応障害にて、加療療養中の○○について、6月1日より復職可能とする。なお、可能であれば、復帰後数か月は業務上の配慮として職場の変更が望ましい」との記載。

復職後の事例詳細

〈X＋1年6月〉

産業医面接を経て、6月1日より、人事部付けとのことで本社勤務として復帰。職場が変わったことで、当該プロジェクトの「主任」からくるストレスは大きく低減されたが、都内中心部にある本社人事部までの、通勤が負担となった。

休職中は昼前に起きていた毎日だったので、最初の1週間は、入社時に短期間通っただけのほぼ初めての場所、初めての人たちのところに、急に毎朝通勤することになり翌日の体の負担は非常に大きかった。

職場を配慮してもらったのだから、頑張らなければ、と最初の1週間はなんとか通えたが、翌週の月曜日には、朝起きられず、不調時のような感覚。

「また、あの不調に戻るのか」と思うと、急に怖くなり、急遽受診したところ「まだ、復職は早かったかもしれないですね」と、療養の必要がある旨の診断書を受領。再休職の発令となった。

何が再休職に至らせたのか？

本事例、決して困難事例ではありません。言い方は悪いですが、ありふれて発生しているような事例です。もちろん業種特有の職場環境からのストレス要因はあると思いますが、何処の仕事でも同じようなものです。

本人の特性に関しても、難しい精神科的な疾患ではありませんでした。個人的なストレス要因も重なってはいましたが、解決の糸口もあったように思います。主治医にもきちんと通い、お薬も飲んでいました。

「仕組みづくり」と「個別支援」からやるべきこと

では、なぜに復職後わずか1週間で再休職となってしまったのでしょうか。

ここまで示した8ステップ42タスクに分解し、本事例ではどのように対応されたかを明らかにし、本来あるべき対応はどのようなものであったか、を場面を区切って少し詳細に整理してみたいと思います。

特に「仕組みづくり」と「個別支援」の視点から、あるべき対応を具体的に明記していきます。職場環境改善につながる視点も入れておりますので、参考にしてみてください。

【図表20　ステップ毎の事例検討】

経過	本事例での対応	「仕組みづくり」からあるべき対応	「個別支援」からあるべき対応
X-5年 ステップ①『検知・発見』 ステップ②『情報収集』	入社時から、健康管理（メンタルヘルスのセルフケア）に関する研修なし	・「指針」「こころの健康づくり計画書」「業務フロー」「復職プラン」等の作成が基本 ・新入社員研修を含む、セルフケア研修、ラインケア研修の計画策定 ・外部専門機関による相談窓口、復職支援サービスの導 ・早期離職予防とストレス対処法の習得の目的で、入社時と配属時の研修の実施 ※研修実施により、会社の相談窓口や利用できる各種支援も伝えることも可能	・内部のメンターだけでなく、「外部メンター」の設置検討 ・新入社員全員に、入社直後と本配属直後に、全員面談を実施し、「早期発見」「早期対応」を実施

経過	本事例での対応	「仕組みづくり」からあるべき対応	「個別支援」からあるべき対応
X‐4年 ステップ①『検知・発見』 ステップ②『情報収集』	業務研修のみを経て、比較的大規模なプロジェクトに初めて配属	・弱み（できないこと・苦手なこと）を指摘されるよりも、強み（できること、得意なこと）を幼少期から指摘されている世代にとって、配属に関しても自分の能力を過大評価しているケースが見受けられる。 ・人材の配置に関しては会社の権限で行われるものだが、早期離職予防の視点からは、本人の希望を聞いたうえで、「なぜ、ここに配属するのか」「この配属先での希望や期待」等に関して、丁寧に説明することは、意味があると考える。	・内部メンター、管理職による、「傾聴力」向上のための教育研修の実施 ・相手を否定することなく、その思いを聴くことが、心理的な葛藤が生じた際には、自分を客観的に見る手助け（早期離職の予防）につながる場合がある。

経過	本事例での対応	「仕組みづくり」からあるべき対応	「個別支援」からあるべき対応
X - 3年 ステップ①『検知・発見』 ステップ②『情報収集』	・業務負荷が徐々に高まる中で、心身の反応が出現。 ・リーダーや主任は業務多忙で本人の様子気づけず。 ・本人も周りが忙しくしている中でものが言えない状況 ・偶然のPJ異動による環境調整	・ラインケア研修が不十分。管理職やリーダーが意識すべき「安全配慮義務」の周知徹底が最重要。 ・「気づき」「声かけ」「聴く」「つなぐ」の実践のための「傾聴力」の訓練も大切。 ・早期発見の仕組みが不十分。毎日のPCへのログイン状況や簡単な質問から本人の不調をいち早く収集するシステムや、不調者を発見した際の書式の整備などが必要。	・休職者本人側でも、自らの不調に気づくことが大切（セルフケア）。 ・面談内容が守秘される相談窓口の活用やその利用の周知が大切 ・自分よりも相手を優先したり、相手の反応が気になって意見を言えない場合もある。自分の意見をその場に応じた形でうまく表現するための技術支援が必要。アサーション研修など、セルフケア研修への工夫も意味がある。

経過	本事例での対応	「仕組みづくり」からあるべき対応	「個別支援」からあるべき対応
X-2年 X-1年 ステップ①『検知・発見』 ステップ②『情報収集』	・新たなPJでの本人側にはよい方向での環境調整 ・実父の他界、母への介護、などからプライベート面での負担が増加。心身の反応が再度出現。状況把握、対応共にできず。	・現場が本社と離れているような管理職の目が届きにくい場合、機動的にPJの人員の心身の状況を把握する仕組みづくりが有効 ・管理職による定例のヒアリング（ワンオンワンなど）の実施やそのスキル習得のための研修の実施。業務面以外での本人のいつもとの違いに気づける手段の構築。	・入社後３年までは、保健師や外部心理職による個別面談の実施も意味があると考える。 ※プライベートでの課題などは、社内で共有することも難しく、個人で抱えてしまうことも多くなりがち。 ・従業員同士が、職場の垣根を超え横でつながれる場所（第三の場所）の設置支援は意味があると考える。

経過	本事例での対応	「仕組みづくり」からあるべき対応	「個別支援」からあるべき対応
X年 ステップ①『検知・発見』 ステップ②『情報収集』	・「主任」への役割の変更 ・役割変更に伴う研修等の本人への対応はなし ・対社内チーム、対社外の業務量、業務の質が大きく増加 ・心身の大きな反応が出現	・役割変更前の説明や、業務範囲や受け持つ責任の明確化 ・役割変更時の、サポート体制の構築（問い合わせできる立場の人間をおくなど） ・役割変更時には「気づき」「声かけ」「聴く」「つなぐ」を、より意識する必要性 ・いつもとの違いを、本人が認識し早めの相談ができるようなセルフケア研修の実施と相談窓口の整備	・管理職だけでなく、周りの従業員も、いつもとの違いに気づけることは大切であり、セルフケア研修の全従業員への実施 ・産業医が機能しておらず、産業保健スタッフもいないのであれば、外部心理職による定例訪問を実施することで、相談のハードルを下げることも大切。 ・相談内容が守秘される、メールやWebでの相談窓口の設置も有効。

休職に入るまでの解説

ステップ①②で行うべきタスク

休職に入るまでの本事例の課題を整理してみましょう・すでに挙げましたが、行うべきタスクがしっかりと行われていたでしょうか。〇×で見ていきましょう

■ステップ①「検知・発見」のタスク

×・不調者情報の収集と関係者（産業医・保健師・外部心理職など）との共有

×・収集された情報から、追加の情報収集の必要があるかどうかの判断

×・ステップ②「情報収集」への移行判断

■ステップ②「情報収集」のタスク

×・追加情報が必要かどうかの判断

×・追加情報が必要であれば、「アンケート」もしくは「面談」での情報収集

×・ステップ③「休職判断」への移行判断

本事例での課題

まず「仕組みづくり」の視点からは、次のような対応の課題が見えてきました。

・「指針」「こころの健康づくり計画書」「業務フロー」「復職プラン」が未作成
・ステップ①「検知・発見」の仕組みが不十分
・管理職が不調に気づけない
・不調者情報を収集するツールが整備されていない
・「セルフケア研修」「ラインケア研修」「新入社員研修」が不十分
・ステップ②「情報収集」が全く対応できていない
・産業医が機能していない
・外部心理職など連携できる資源を有していない
・「セルフケア研修」「ラインケア研修」「新入社員研修」が不十分

他方、「個別支援」の視点からは、次のような対応の課題が見えてきました。

・産業医が機能していない
・外部メンター（外部心理職）等による支援の不足
・入社直後、もしくは配属直後の全員面談等の情報収集の不足
・配属に関して、本人の納得感を得られるような努力の不足
・気軽に活用できる相談窓口の未整備
・横のつながりをつくるような支援の不足

経過	本事例での対応	「仕組みづくり」からあるべき対応	「個別支援」からあるべき対応
X年 ステップ③『休職判断』	・人事労務にはまったく情報がない中で、突然の診断書受領 ・「まずは、有休消化、そのあと病気欠勤、休職となります」との連絡だけで休職発令	・「休職届」等、休職申請書の提出	・産業医、産業保健スタッフ、外部心理職等による、「個別支援」と「リワーク」を提供できることの休職者への共有。

経過	本事例での対応	「仕組みづくり」からあるべき対応	「個別支援」からあるべき対応
X年12月 X＋１年２月 ステップ④『休職者・不調者対応（療養期）』	・休職開始時に会社からは何も連絡がなかった ・主治医もあまり話を聴いてくれる人ではなかった ・帰省すべきか迷ったが、帰省して母に心配をかけたくないと、休職のこと自体も母に話をしなかった。	・休職開始時の「しおり」による本人や家族への情報提供。病気を治し、回復の状況を説明する責任の所在の明確化。 ・休職期間や各種手当金情報 ・休職中の心構えの共有 ・復職判定基準の共有 ・休職期間満了時の対応 ・休職中の「個別支援」の流れ ・休職中に必要な報告 ・復職後の対応 ・各種貸与物返還等の案内 ・「状況確認シート」の提出管理 ・「生活リズムチェック表」の提出管理	・産業医、産業保健スタッフ、外部心理職による、定期的な面談の実施 ・病気や症状の理解 ・服薬の大切さの共有 ・休職中の過ごし方の理解 ・生活リズムの安定 ・会社との情報共有

経過	本事例での対応	「仕組みづくり」からあるべき対応	「個別支援」からあるべき対応
X＋1年 3月 4月 ステップ⑤⑥『休職者・不調者対応（復職準備期）（リワーク期）』	・会社との連絡は全くなく、診断書の継続的な受領もない。 ・昼前には起床して、昼寝なしで24時までには就寝するリズムができあがる ・お金の面が気になりはじめ、復職をあせるようになる	・診断書の継続的な受領。休職期間はあくまで診断書の添付が必要であり、記載の期間が過ぎる場合には、追加での診断書が必要。 ・「個別支援」対応者の決定 ・「状況確認シート」の提出管理 ・「復職準備状況確認シート」の提出管理 ・「生活リズムチェック表」の提出管理 ・「状況確認シート」あるいは「復職準備状況確認シート」から得られる自己評価と、「復職準備状況確認シート」から得られる他者評価の違いの確認	・「個別面談」と「リワーク」を活用し、症状の回復や生活リズムを安定させる。 ・不調要因（職場要因）（個人要因）の理解 ・思考のくせの明確化と、柔らかい考えをつくり出すスキルの習得 ・職場（集団）での新たなコミュニケーション・ストレス対処スキルの習得 ・各種再発予防法の習得 ・自分の取扱説明書の作成

経過	本事例での対応	「仕組みづくり」からあるべき対応	「個別支援」からあるべき対応
X＋1年5月 ステップ⑦『復職判断』	・自分の体調や職場に戻ることの不安よりも、お金の問題が大きく、主治医にもその旨話をして、復職可能の診断書を受領	・復職届と主治医からの復職可能の診断書の受領 ・主治医への就業情報の提供 ・主治医への意見書フォーマットの提供 ・外部の心理職による面接の実施 ・産業医による面接の実施 ・人事労務担当者・管理職による面接の実施 ・復職判定委員会での審議、答申 ・復職プランの作成	・復職可能の診断書が出た後は、継続して支援してきた外部心理職による「復職面接」の実施

経過	本事例での対応	「仕組みづくり」からあるべき対応	「個別支援」からあるべき対応
X＋1年5月 ステップ⑦『復職判断』	・診断書には、「6月1日より復職可能とする。なお、可能であれば、復帰後数か月は業務上の配慮として職場の変更が望ましい。」 ・6月1日より、診断書からの配慮として、人事部付け、所定労働時間勤務で復職	・通常、診断書は最低限の情報の記載にとどまる。必要なフォーマットを送付したうえで、詳細な判断に耐える情報の収集が必要。 ・主治医以外でも、産業医、外部心理職、人事労務担当者、管理職の「通常の労務提供が可能かどうか」の判断材料としての面接は非常に大切。	・ルールとして伝えるべき内容は、しっかりと人事労務担当者からの面接場面で伝える。 ・真意の確認やナイーブな内容の共有調整、などは、外部心理職による継続面談の中ですり合わせを行う。

経過	本事例での対応	「仕組みづくり」からあるべき対応	「個別支援」からあるべき対応
X＋１年６月 ステップ⑧『復職後フォロー』	・６月１日より、診断書による配慮として、人事部付け、所定労働時間勤務で復職 ・第２週の月曜日に「体調不良」で欠勤。そのまま、「再度療養の必要あり」との診断書の提出	・復職後の「ゆれ」を防ぎ、勤怠の安定を確認するための対応が必要。 ・「復職後状況確認シート」の提出管理 ・「生活リズムチェック表」の提出管理 ・外部の心理職による面談の実施 ・産業医による面接の実施 ・復職プランの進捗確認と柔軟な変更 ・復職後フォロー終了の判断	・産業医、産業保健スタッフ、外部心理職による面接、面談の実施。 ・特に、外部心理職による面談は、復職後の「ゆれ」を支え、職場環境への定着支援の意味合いが大きいため、積極的な活用を検討する。

復職後再休職に入るまでの解説

ステップ③④⑤⑥⑦⑧で行うべきタスク

復職後、再度休職に入るまでの本事例の課題を整理してみましょう。行うべきタスクがしっかりと行われていたでしょうか。○×で見ていきましょう

■ステップ③「休職判断」のタスク

×・各種情報から休職が必要かどうかの判断
×・休職判断についての「面接」の実施
○・休職申請書と診断書等、必要書類の受領

■ステップ④「休職者・不調者対応（療養期）」のタスク

×・各種貸与物の返還等の案内
×・休職中のしおりの発行
×・「状況確認シート」の提出管理
×・「生活リズムチェック表」の提出管理

×・ステップ⑤「復職準備期」への移行判断

■ステップ⑤「休職者・不調者対応（復職準備期）」のタスク

×・「個別支援」対応者の決定
×・「状況確認シート」の提出管理
×・「復職準備状況確認シート」の提出管理
×・「生活リズムチェック表」の提出管理
×・「状況確認シート」あるいは「復職準備状況確認シート」から得られる自己評価と、「復職準備状況確認シート」から得られる他者評価の違いの確認
×・ステップ⑥「リワーク期」への移行判断

■ステップ⑥「休職者・不調者対応（リワーク期）」のタスク

×・リワーク施設の選定
×・リワーク利用について必要な書類のやり取り
×・「状況確認シート」の提出管理
×・「復職準備状況確認シート」の提出管理

×・「生活リズムチェック表」の提出管理
×・「状況確認シート」あるいは「復職準備状況確認シート」から得られる自己評価と、「復職準備状況確認シート」から得られる他者評価の違いの確認
×・ステップ⑦「復職判断」への移行判断

■ステップ⑦「復職判断」のタスク
○・復職届と主治医からの復職可能の診断書の受領
×・主治医への就業情報の提供
×・主治医への意見書フォーマットの提供
×・外部の心理職による面接の実施
○・産業医による面接の実施
×・人事労務担当者・管理職による面接の実施
×・復職判定委員会での審議・答申
△・復職プランの作成
×・ステップ⑧「復職後フォロー」への移行判断

■ステップ⑧「復職後フォロー」のタスク

×・「復職後状況確認シート」の提出管理
×・「生活リズムチェック表」の提出管理
×・外部の心理職による面談の実施
×・産業医や産業保健スタッフによる面接の実施
×・復職プランの進捗確認と柔軟な変更
×・復職後フォロー終了の判断

再休職に入った要因

8つのステップで計42のタスクがあったのですが、本事例では、実に3・5（復職プランの作成は無かったが復職後の配慮を0・5と換算）のタスクしか実行されていませんでした。実行率は実に10％未満ですね。

実行されたタスクは次の項目になります。

・休職申請書と診断書等、必要書類の受領
・復職届と主治医からの復職可能の診断書の受領
・産業医による面接の実施

・復職プランの作成

これらの項目は、誰が行っても最低限、会社では実行できるような内容です。逆にいえば、このレベルのタスクのみを実施しているようであれば、困難ケースはもとより、ありふれたケースであってもうまく休職復職支援が行えない、ということです。

本事例は決して難しい事例ではありません。しっかりと療養治療をして、本人側も新たなスキルを身につけて復職できていれば、元職で今までと同じように、場合によっては今まで以上に会社に貢献してもらえるケースでした。

それが、復職後たった1週間で、再休職に入ってしまったのです。これほど、残念なケースはありません。

8つのステップ、42のタスクを実行するのは決して難しいことではありません。産業医がいてもかかわりが薄い、産業保健スタッフが全くいない、こんなケースであっても、外部心理職や専用のシステムを活用することで、適切な「休職復職支援」が可能なのです。

ここまで、目を通していただき、本当にありがとうございました。

本書の内容を、個人や組織を成長させる、「休職復職支援」として捉え、実践いただければ、これほどの幸せはありません。ありがとうございました。

おわりに

「休職復職」「個別支援」「職場環境改善」などについて、いままで感じ想ったことを、しっかりと言葉にして残そうと思いながら、忙しさにかこつけて、整理する時間を取っていませんでした。

いざ、「メンタルヘルス不調者への休職復職支援」として書き始めてみても、8ステップ42タスクのことだけを書くのではなく、背景にある社会情勢や求められる企業の姿勢、また、近年の若者だけでなくマネジメント層の意識の変化などについても、研修講師を務める立場からも、どうしてもお伝えしたいことが山ほど出てきて、指南書というよりは、いち支援職のつぶやきのような形になってしまいました。ご容赦ください。

できる限り、「メンタルヘルス不調者への休職復職支援」対応の初心者の方向けに書いた内容になります。経験者やベテランの方は、必要とされる項目から読み進んでいただければ幸いです。

本書の中で、何度も繰り返しお伝えしていますが、「仕組みづくり」と「個別支援」を組み合わせた「休職復職支援」は、かけたくない「経費」ではなく、「0次予防」「1次予防」「職場環境改善」「健康経営」「いきいき職場づくり」に直接的につながる、「投資」そのものであると感じています。

今回書ききれなかった、「困難事例」への対応や、具体的な「職場環境改善」の事例集なども、機会があれば次回作としてチャレンジしたく思っています。

なお、本書中に「外部専用システム」や「システム」といった言葉が何回か出てきていたかと思います。世の中には休職復職を支援するシステムはいくつか出ています。

ヒューマン・タッチ社でも専用システムを運用提供しています。システムを活用することで、本書で紹介したステップやタスクの考え方そのままに、休職復職支援を実行することが可能になります。進捗管理や面談データの管理はもとより、予約管理や職場環境改善の機能までも提供できるようになっています。興味関心ある人事労務担当者の方は、ぜひご連絡ください。

引用文献

国立研究開発法人　国立精神・神経医療研究センター病院　ＨＰより　著者改変（日付不明）
出典：産業精神保健：20（4）335-349,2012.（日付不明）
大野裕他（平成14年度）「一般人口中の精神疾患の簡便なスクリーニングに関する研究」厚生労働科学特別研究事業
『健康管理は従業員にまかせなさい』著・高尾総司、前園健司、森悠太　保健文化社　２０１４年

謝辞

本書執筆のきっかけをつくってくださった、有限会社イー・プランニング代表取締役の須賀柾晶様、ディレクターの佐藤瑠美様、また、株式会社セルバ出版代表取締役社長の森忠順様には、ご丁寧な指導もいただき、心より感謝申し上げます。さらに、高尾総司先生には、執筆にあたり貴重なご意見も頂戴し、感謝申し上げます。

また、株式会社ヒューマン・タッチにて、本プロジェクトのマネジメントを担当してくれた美原理香さん、挿絵や図表を作成してくれた星野詩織さん、各種支援をしてくれたコンサルチーム、ＰＭＯチーム、チェックチーム、の皆にも心より感謝申し上げます。

著者略歴

森川　隆司（もりかわ　たかし）

千葉県産業保健総合支援センターメンタルヘルス対策促進員・両立支援促進員
・平成 10 年 神戸商船大学（現神戸大学）卒業
・平成 10 年 株式会社商船三井入社
・平成 12 年 イー・コスモ株式会社（現モビーダ・ソリューションズ）入社　システムソリューション部、管理本部にて勤務
・平成 16 年 東京成徳大学大学院臨床心理学専攻科入学
・平成 16 年 株式会社フィスメック入社
・平成 18 年 東京成徳大学大学院臨床心理学専攻科卒業 修士号取得
・平成 19 年 株式会社ヒューマン・タッチ 設立
〈資格〉
・臨床心理士
・公認心理師

8ステップ・42タスクで対応する
メンタルヘルス不調者への職場復帰支援

2025年 1 月28日　初版発行

著　者　森川　隆司　

発行人　森　　忠順

発行所　株式会社 セルバ出版
〒 113-0034
東京都文京区湯島 1 丁目 12 番 6 号 高関ビル 5 B
☎ 03（5812）1178　　FAX 03（5812）1188
http://www.seluba.co.jp/

発　売　株式会社 三省堂書店／創英社
〒 101-0051
東京都千代田区神田神保町 1 丁目 1 番地
☎ 03（3291）2295　　FAX 03（3292）7687

印刷・製本　株式会社丸井工文社

Printed in JAPAN
ISBN978-4-86367-935-1